和谐校园文化建设读本

课堂外的自我学习

张晓姝/编著

吉林教育出版社

图书在版编目(CIP)数据

课堂外的自我学习 / 张晓姝编著. — 长春：吉林
教育出版社，2012.6（2022.10重印）
（和谐校园文化建设读本）
ISBN 978 - 7 - 5383 - 9006 - 3

Ⅰ．①课… Ⅱ．①张… Ⅲ．①学习方法－青年读物②
学习方法－少年读物 Ⅳ．①G442－49

中国版本图书馆 CIP 数据核字(2012)第 116135 号

课堂外的自我学习
KETANG WAI DE ZIWO XUEXI
张晓姝　编著

策划编辑	刘 军　　潘宏竹		
责任编辑	张 瑜	装帧设计	王洪义
出版	吉林教育出版社(长春市同志街 1991 号　邮编 130021)		
发行	吉林教育出版社		
印刷	北京一鑫印务有限责任公司		
开本	710 毫米×1000 毫米　1/16	印张　11.5	字数　146 千字
版次	2012 年 6 月第 1 版	印次　2022 年 10 月第 3 次印刷	
书号	ISBN 978 - 7 - 5383 - 9006 - 3		
定价	39.80 元		

编　委　会

主　　编：王世斌

执行主编：王保华

编委会成员：尹英俊　尹曾花　付晓霞

刘　军　刘桂琴　刘　静

张　瑜　庞　博　姜　磊

潘宏竹

（按姓氏笔画排序）

总 序

千秋基业，教育为本；源浚流畅，本固枝荣。

什么是校园文化？所谓"文化"是人类所创造的精神财富的总和，如文学、艺术、教育、科学等。而"校园文化"是人类所创造的一切精神财富在校园中的集中体现。"和谐校园文化建设"，贵在和谐，重在建设。

建设和谐的校园文化，就是要改变僵化死板的教学模式，要引导学生走出教室，走进自然，了解社会，感悟人生，逐步读懂人生、自然、社会这三本大书。

深化教育改革，加快教育发展，构建和谐校园文化，"路漫漫其修远兮"，奋斗正未有穷期。和谐校园文化建设的研究课题重大，意义重要，内涵丰富，是教育工作的一个永恒主题。和谐校园文化建设的实施方向正确，重点突出，是教育思想的根本转变和教育运行机制的全面更新。

我们出版的这套《和谐校园文化建设读本》，既有理论上的阐释，又有实践中的总结；既有学科领域的有益探索，又有教学管理方面的经验提炼；既有声情并茂的童年感悟；又有惟妙惟肖的机智幽默；既有古代哲人的至理名言，又有现代大师的谆谆教诲；既有自然科学各个领域的有趣知识；又有社会科学各个方面的启迪与感悟。笔触所及，涵盖了家庭教育、学校教育和社会教育的各个侧面以及教育教学工作的各个环节，全书立意深邃，观念新异，内容翔实，切合实际。

我们深信：广大中小学师生经过不平凡的奋斗历程，必将沐浴着时代的春风，吸吮着改革的甘露，认真地总结过去，正确地审视现在，科学地规划未来，以崭新的姿态向和谐校园文化建设的更高目标迈进。

让和谐校园文化之花灿然怒放！

本书编委会

目 录

第一章　心态对了，一切就对了

学习 1.乐观地面对问题

　　林肯曾说过："拥有一种积极进取的心态，胜过拥有一座金矿。"有时面对困难和压力的时候，我们会产生一些消极的情绪，从而使事情变得越来越糟。而当我们试着以乐观、积极的心态去面对的时候，才发现原来一切并没有我们想象得那么糟。因此，我们一定要学会以乐观、积极的心态去面对所遇到的一切问题。

百汇园

[案例一]

　　1962 年，在旅游胜地普陀山，一位女孩因三次高考落榜、爱情失意，准备在此寻短见，幸好她的一本日记失落在地上，被郭沫若拾获，打开一看，扉页上写着一联"年年失望年年望，处处难寻处处寻。横批：'春在哪里'"。再翻一页，竟是一首绝命诗。郭沫若马上叫人寻找女孩，找到女孩，郭沫若当面劝导，并将女孩的对联进行改动，改为"年年失望年年望，事事难成事事成。横批：'春在心里'"。女孩感佩不已，重燃生活的希望。

[案例二]

　　美国有一对兄弟，一个十分乐观，一个却非常悲观。

有一天,他们的父母希望兄弟俩的性格都能改变一些。于是,他们把那个乐观的孩子锁进了一间堆满马粪的屋子里,把悲观的孩子锁进了一间放满漂亮玩具的屋子里。

一个小时后,他们的父母走进关着悲观孩子的屋子里时,发现他坐在一个角落里,一把鼻涕一把眼泪地在哭泣。原来,他不小心弄坏了玩具,怕父母会责骂自己。

当父母走进关着乐观孩子的屋子里时,他们却发现孩子正在兴奋地用一把小铲子铲着马粪,把散乱的马粪铲得干干净净。看到父母来了,乐观的孩子高兴地叫道:"爸爸,这里有这么多马粪,附近肯定会有一匹漂亮的小马,我要给它清理出一块干净的地方来!"

[案例三]

一天,一位富人带着家眷去乡间游玩,他想让儿子感受一下穷人的生活,就在一个非常贫穷的农场人家里住了一天一夜。

游玩结束后,父亲问儿子:"我亲爱的孩子,旅行怎么样?""棒极了,爸爸。"

"看到穷人怎么生活了吧?"父亲再问。"是的。"

"你从中学到了什么?"儿子回答道:"我们家有一条狗,他们家有四条。我们家花园中间有游泳池,他们家的小溪没有尽头。我们家的花园有进口灯具,他们那里有满天的星星。我们的天井一直到前院,那么大,他们拥有全部的旷野。"

小男孩讲完,父亲无言以对。

男孩还补充说道:"谢谢父亲让我知道我们家多么贫穷。"

[案例四]

小文进入中学后,面对这么多成绩优秀的同学,经常担心考试成绩不好。经过心理咨询,他开展了两项业余活动:打乒乓球和跑步。半个学期后,他的学习成绩不但没有下降,反而稳步上升了。他也不再为考试担心了,快乐又回到了他身边。

问津园

案例一中对同一件事情,每个人都有不同的观点。有的人看到希望,有的人却只有绝望。面对那个悲观绝望的女孩,郭沫若以积极的语言去鼓舞她。

乐观的心态需要从生活的点点滴滴中去培养,即使是不好的事情,我们也要转换角度,力图看到好的一面。其实只要留心,生活中处处充满阳光,处处充满快乐。乐观是一种心境。自己的心快乐了,就能给别人带来帮助,带来快乐。

案例二中的悲观者的眼睛里看到的是自己面对的困难,而不是拥有的东西,心里满怀着对别人的抱怨而不是感恩;而在乐观者心里总是充满着阳光,对所得到的哪怕是一丁点儿东西,都会抱着万分的虔诚去感恩,期待美好的明天。

看来悲观者和乐观者的人生简直有着天壤之别。我们一定要做个乐观者,即使遇到糟糕的事情,我们也要力求看到积极的一面;当碰到压力、困难的时候,我们不能消极沮丧,而要以积极的态度去面对。

案例三中的小男孩看到了穷人虽然没有很多财富却能自由自在地生活。真正的乐观是拥有一颗富有的心。在我们的一生中,我们会碰到许多困难与麻烦,会与周围环境产生矛盾与冲突。更多时候,我们不能改变环境,不能选择我们生存的条件,但是我们可以选择自己的心态。快不快乐由自己决定。

案例四中的小文通过打乒乓球和跑步成功地缓解自己所面临的压力,找回了自信,也找回了自己的快乐。

我们任何人,都不能期待自己的人生会一帆风顺,因为压力、困难和挫折,是人生中的绊脚石,我们必然会遇到。当遇到这些绊脚石的时候,我们唯一能做的,就是以积极的、乐观的心态去应对,去想办法解决;而消极的逃避,则是懦弱的表现,终究无法获得成功。

智慧园

同学们,我们生活在一个和谐的社会中,我们拥有幸福的家庭,也有快乐的校园,但是,即便我们已经拥有了很多,还是有很多同学不开心、不快乐,甚至有些沮丧。

其实,快乐的钥匙就掌握在我们自己的手中,开开心心是一天,苦恼忧愁也是一天,那为什么我们不选择快乐地度过每一天呢?

更重要的是,要想让生活幸福,就要从小培养乐观地面对人生的态度。积极的情绪体验能够激发人体的潜能,使其保持旺盛的体力和精力,维护心理健康;消极的情绪体验只能使人意志消沉,有害身心健康。因此,学会保持乐观、开朗的情绪,对我们来说是十分重要的,也是非常必要的。

那么,我们应该怎样培养乐观的性格呢?

1.珍惜自己所拥有的一切。

同学们,我们应该珍惜我们现在所拥有的生活条件。不论与其他同学如何比较,我们的父母已经为我们付出了最大的努力。

不论条件如何,我们都能够从我们所拥有的生活条件中寻找到快乐,也就是说,快不快乐是由自己决定的。

2.相信自己就是最棒的。

同学们,我们每个人都有自己的强项,比如说我长得不高,但我的成绩很好;我的考试成绩不太好,但同学们都喜欢和我交朋友,等等。

每一个人都有自己独特的一面,只要相信自己,乐观地面对生活,生活总是美好的。

3.天天都以微笑面对别人。

有人说:"即使不会在欢乐时微笑,也要学会在困难中微笑。"人生道路上,难免遇到这样那样的困难,时而让人举步维艰,时而让人悲观绝望;漫漫人生路有时让人看不到一点希望。这时,不妨给自己一个笑脸,让来自于心底的那份执着,鼓舞自己插上理想的翅膀,飞向最终的成功;让微笑激励自己产生前行的信心和动力,去战胜困难,闯过难关。

"清新、健康的笑,犹如夏天的一阵大雨,荡涤了人们心灵上的污泥、灰尘及所有的污垢,显露出善良与光明。"笑,是生活的开心果,是无价之宝,但却不需花一分钱。所以,每个人都应学会以微笑面对生活。

乐观是我们对未来充满信心和希望而又不断进取的个性特征。我们对那些能够满足自己需要的事物或对象,会产生一种积极的情绪体验,而对无法满足自己需要的事物则会产生消极的情绪体验。乐观的性格是我们应对人生中悲伤、不幸、失败、痛苦等不良事件的有力武器。如果我们无法乐观地面对人生,遇到挫折时就会意志消沉,对前途丧失信心,而且长此以往,还会损害身体健康。

4.自由地表现悲伤。

我们应该适度地表达自己的情感,不要压抑自己,在不伤害他人的前提下,尽情地发泄心中的郁闷,只要发泄够了,自然会恢复心情的平静。

5.丰富自己的精神生活。

通过一些课外的艺术培养,我们可以陶冶自己的情操,使我们找到生活的美,找到生活的快乐。

那么,怎样丰富我们的精神生活呢?

我们要广泛地阅读,让自己在阅读中增长知识,升华思想。可以选择阅读伟人的故事、童话、小说等文学作品。

另一方面,我们应该多交朋友,如邀请其他孩子到家里来玩,多到同学家去玩等。还有,我们应该积极参加各种活动。

做一个乐观的人,将一切挫折和不幸付之一笑。相信,生活中必然会处处充满阳光。

学习 2. 不要低估自己的价值

美国著名思想家爱默生曾说过："自信是成功的第一秘诀。"想想看，一个人如果连自己都不相信，又怎么能得到别人的信任呢？所以，我们要在正确认识自己的基础上，让自己真正自信起来。

百汇园

[案例一]

文魁同学在七年级上学期竞选科代表，他认为自己喜欢历史这门学科，有条件参加历史科代表的竞选，当他被选上时却突然找到老师说："班上能人多的是，万一自己干不好工作，到时候被换下来那多没面子，不如现在就放弃。"

[案例二]

著名物理学家玻尔小时候非常喜欢拆卸家里的东西。有一次，他三两下就把家里一辆有点问题的自行车给拆了。当他想把自行车装上的时候，却怎么也装不回去了。玻尔非常着急，家里人也很着急，这时，父亲对他说："爸爸知道你能装回去的，不要着急，想一想你是怎么拆下来的，然后你就一定能够装回去了。"

在爸爸的鼓励下，玻尔静下心来，仔细回想了拆卸的过程，又仔细地把各个零件研究了一番。果然，他最后把自行车重新装了回去，而且修好了原有的小毛病。

[案例三]

在一次讨论会上,老师没讲一句开场白,手里却高举着一张 20 美元的钞票。面对会议室里的 200 个学生,他问:"谁要这 20 美元?"

一只只手举了起来。

老师接着说:"我打算把这 20 美元送给你们中的一位。但在这之前,请准许我做一件事。"他说着将钞票揉成一团,然后问,"谁还要?"

仍有人举着手。

老师又说:"那么,假如我这样做又会怎么样呢?"他把钞票扔到地上,又踏上一只脚,并且用脚碾它,而后他拾起钞票,钞票已变得又脏又皱。

"现在谁还要?"

还是有人举着手。

"同学们,你们已经上了一堂很有意义的课。无论我如何对待那张钞票,你们还是想要它,因为它并没贬值,它依旧值 20 美元。人生路上,我们会无数次地被自己的决定或碰到的逆境击倒、欺凌,甚至碾得粉身碎骨。我们觉得自己似乎一文不值。但无论发生什么,或将要发生什么,在上帝的眼中,你们永远不会丧失价值。在上帝看来,肮脏或洁净,衣着整齐或不整齐,你们依然是无价之宝,生命的价值不依赖于我们的所作所为,而是取决于我们本身! 你们是独特的,永远不要忘记这一点!"

[案例四]

一位母亲问自己的孩子:"你认为自己在这次期末考试中能考到第

一名吗?"孩子摇了摇头。妈妈又问他:"你怎么知道自己不能的?"

"我觉得自己不行,因为我还没有考进过前三名。"孩子很沮丧。妈妈笑了,摇了摇头对他说:"不是这样的,我讲一个故事给你听,好吗? 你知道的,一般的跳蚤都可以跳两三尺高,但有一只跳蚤却跳不出三寸高的一个小杯子。你说这是为什么?"

孩子疑惑地望着妈妈。妈妈接着说:"科学家曾做过这样一个实验。他们把一只跳蚤放在一个玻璃杯中,这个杯子只有三寸高,然后在杯口盖上一块透明的玻璃。跳蚤习惯性地使劲一跳,头重重地撞在了坚硬的玻璃上。当然,它不甘心失败,又跳了一次,它的头再一次被坚硬的玻璃碰得生疼,接下来,第三次、第四次、第五次……经过无数次的撞击后,这只跳蚤还在蹦跳,但它再也不会撞到玻璃了。当然,即使杯子上的玻璃被拿走,它也跳不出这只杯子了,你说这究竟是为什么呢?"

孩子想了想,说:"这只跳蚤被撞击了好多次,它已经完全灰心了,在它心里肯定认为它跳不出这只杯子,它丧失了跳出杯子的自信心。"

妈妈满意地笑了,说:"对,我希望你不要像那只跳蚤一样,在遭受了一些小挫折后,就丧失了继续前进的自信心。"

问津园

案例一中的男孩因为缺乏自信而放弃当历史科代表。随着年龄的不断增长,学生的思想越来越复杂,不自信或缺乏自信的心理在某些学生的行为上反映越来越突出,在他们的学习、活动、生活、竞赛、人际交往中可经常见到。自信,是一种在相信自己能力的基础上,既不高估自己也不小看自己的心态。一个没有自信的人,处处表现得缩手缩脚、畏首畏尾,即使成功就在眼前,也不相信那是自己的;而拥有自信的人,凡事懂得发挥自己的优势,懂得积极进取,从而能为自己赢得很多机会。让自信的笑容展现在我们脸上吧,因为这样,我们将变得更加富有魅力。

案例二中的小玻尔面对一团乱麻一样的自行车零件时,并没有失去信心。经过仔细地研究,他不仅重新装好了自行车,而且修好了原有的毛病。就是这样的信心使他在以后的科学研究工作中,不管遇到多大的挫折和困难,他会充满自信,从不丧失信心。所以,他最终获得了诺贝尔物理学奖。

案例三中的20美元无论经历怎样的磨难,它始终值20美元。人生也难免会碰到许多的困难和挫折,但生命的意义却并不会因此失去。你内在的力量是独一无二的,只有你知道自己能做什么。但是除非你真的去做,否则连你自己也不知道自己真的能做。应该相信你是最好的,永远不要向困难、挫折低头。

案例四中的这位妈妈是聪明的,这位同学也是很有悟性的。因为他明白了,只有相信自己能做到,自己才能真正地去实现理想。否则,做任何事情之前,总是抱着"我能行吗""我做不到的"这样的想法,那不论是在学习上还是生活中,肯定不能取得好的成绩。

智慧园

在生命的长河中,总有一座明亮的永不熄灭的灯塔,在前方为你照亮,而这座灯塔就是我们自己那份永不褪色的自信心。

只有相信自己的力量,才会朝着自己制定的目标勇往直前,才会大胆尝试,接受挑战,既不为闲言碎语所左右,也不为一时的失败和挫折所动摇。

可是我们怎样才能拥有自信呢?

1.正确树立强烈的自信心,在任何时候都要昂起头。

高尔基说:"只有满怀自信的人,才能在任何地方都怀有自信地沉浸在生活中,并实现自己的意志。"丧失自信的人没有进取心,更不敢参与竞争。同学们,让我们树立自信心,学会欣赏自己,善于发现自己的长处,发现自己具有而别人不具有的优秀品质。根据自己的实际,选择奋斗目标,让你的潜能、长处得到充分发挥,不断激励自己自信、自立、自强。

2.做任何事情之前,对自己说:"我能做到!"

自信源于成功的暗示,恐惧源于失败的暗示。积极的心理暗示一旦形成,就如同风帆会助你成功;相反,消极的心理暗示一旦形成,又不能及时消除,就会影响我们的一生。

同学们不妨这样试一试,在做任何事情之前,对自己说:"没问题,我能够做到!"这样其实对自己是一种积极的心理暗示。

3.正确对待别人对自己的评价。

心态较好的人对于别人给自己的评价,一般比较理智,不是"不听,不信",也不是"全听,全信"。缺乏自信的人却不是这样,他们往往过多地在乎别人对自己的评价,关心自己在别人心目中的形象,他们希望得到别人的赞扬,但又担心自己做得不够好。因此,我们应正确对待别人对自己的评价。当别人对你有看法或批评你的时候,不要垂头丧气,一蹶不振;当受到别人的表扬时,也不要趾高气扬,得意忘形。

4.树立正确的个人价值观,克服自卑的心理。

我们应树立正确的个人价值观,正确地看待自己、估计自己、相信自己和善待自己。因为缺乏自信的人往往与一定程度的自我否定态度有关,对自己某方面的价值和能力持一定的否定、轻视、不满的态度,常常表现为自卑等现象。

同学们,我们一定要警惕自卑心理,自卑是一种消极的心理,也是一种性格缺陷,而一个人自卑性格的形成往往源于学生时代。一些同学总会遇到这样或那样的事,使自己感到自卑。例如,被老师批评了,自己穿的衣服没有别人的好看,上台表演时出现了差错……

自卑宛如加在心灵上的一把锁,它锁住了人的开朗与勇敢,也锁住了人的前途。它让人在说话时不敢正视别人的眼睛,就连说话的声音也细得像蚊子一样;在人多的地方,自卑者只敢坐在角落里,有什么想法也不敢表达,害怕说出来会遭到别人的嘲笑;自卑者不敢主动和人交往,对于很想结交的朋友,也一再地找借口退却……

自信是人不断进取的阶梯,是一种促使人奋发进取的巨大的力量,这种催人向上的力量,既是一种强大的驱动力,又是一种强大的自我约束力。可以说,人的一生中任何一次成功,都是伴随着自信取得的。有自信的人,才能够奋发向上,自强不息,在经历挫折与失败后获得成功。

学习 3. 学会去爱父母

百善孝为先。父母给了我们生命,给我们创造了成长的条件,他们的付出是无私而伟大的。

他们用无私而伟大的爱,呵护我们,使我们健康成长。我们应该用一颗感恩的心去回报父母才是。"子欲养而亲不待",不要等他们离开后,才懂得珍爱。让我们以反哺之心敬爱父母,以感恩之心孝顺父母吧!

百汇园

[案例一]

小力扬在一次班级讨论会上,说出了自己的烦恼:

我的妈妈总爱唠叨,让我和爸爸觉得好烦啊! 妈妈唠叨的范围很广。说爸爸不干活,说我学习成绩下降,说她自己越来越胖……总之,什么事在妈妈眼里都是有问题的。我怎么才能让妈妈不唠叨呢?

[案例二]

那天,佳芬跟妈妈吵架之后什么都没带,就只身往外跑。可是,走了一段路,佳芬发现,她身上竟然一毛钱都没带! 她走着走着肚子饿了,看到前面有个面摊,香喷喷的,好想吃! 可是,她没钱。过了一会儿,面摊老板看到佳芬还站在那边,久久没离去,就问:"小朋友,请问你是不是要吃面?""可是……可是我忘了带钱。"佳芬不好意思地回答。面摊老板热心地说:"没关系,我可以请你吃呀! 来,我下碗馄饨面给你吃!"不久,老板端来面和一些小菜。佳芬吃了几口,竟然掉下眼泪来。"小朋友,你怎么了?"老板问。"没有啊,我只是很感激!"

佳芬擦着泪水,对老板说道:"我们又不认识,只不过在路上看到我,你就对我这么好,愿意煮面给我吃!可是……我自己的妈妈,我跟她吵架,她竟然把我赶出来,还叫我不要再回去!……你是陌生人都能对我这么好,而我自己的妈妈,竟然对我这么绝情!……"老板听了,委婉地说道:"小朋友,你怎么会这样想呢?你想想看,我不过煮一碗面给你吃,你就这么感激我。那你自己的妈妈,煮了10多年的面和饭给你吃,你怎么不感激她呢?你怎么还可以跟她吵架呢?"

佳芬一听,整个人愣住了!是呀,陌生人请吃一碗面,我都那么感激,而我妈辛苦地养育我,也煮了10多年的面和饭给我吃,我怎么没有感激她呢?而且,只为了小小的事,就和妈妈大吵一架。匆匆吃完面后,佳芬鼓起勇气,往家的方向走,她好想真心地对妈妈说:"妈妈,对不起,我错了!"当佳芬走到巷子口时,看到疲惫、焦急的母亲,正在四处张望……看到佳芬时,妈妈就先开口说:"芬芬呀,赶快回家吧!我把饭都已经煮好了,你再不赶快回去吃,菜都凉了!"此时,佳芬的眼泪夺眶而出……

[案例三]

安某家境非常贫困,但是,他的母亲却非常坚强、无私地为孩子奉献着一切。安某看在眼里,记在心里。在写给母亲的一篇文章——《母亲啊,你是我最好的导师》中,安某是这样写的:

跛着脚的母亲在为我擀面。这面粉是母亲用五个鸡蛋和邻居换来的。她的脚是前天为了给我多筹点学费,推着一个平板车去卖蔬菜的路上扭伤的,端着碗,我哭了。我撂下筷子跪到地上,久久地抚摸着母亲肿得比馒头还高的脚,眼泪一滴一滴地滚落在地上……

我家太穷了,家里欠的债一年比一年多……我的学费是妈妈找人借的……我总是把同学扔掉的铅笔头捡回来,把它用细线捆在一根小棍上接着用,或者用橡皮把写过字的练习本擦干净,再接着用……

……

我的母亲是用一种原始而悲壮的方式完成收割的。她没有足够的力气把麦子挑到场院脱粒,也无钱雇人使用脱粒机,她是熟一块割一块,然后用平板车拉回家,晚上再在我家院里铺上一块塑料布,然后用双手抓一大把麦秆在一块大石头上摔打脱粒……三亩地的麦子,靠她一个人割打,她累得站不住就跪着割,膝盖磨破了皮,连走路也是一颤一颤的呀……

她为了不让我饿肚子,每个月都要步行十多里地去批发20斤方便面渣给我送到学校。每个月底,妈妈总是扛着一个鼓鼓的面袋子,步行10里路到大沙河乡车站坐公共汽车来天津看我。而袋里除了方便面渣,还有妈妈从6里外的安平镇一家印刷厂要来的废纸——那是给我做演算的草稿纸,还有一大瓶黄豆酱和咸芥菜丝,一把理发推子,天津理发最便宜的也要5元钱,妈妈要我省下来多买几个馒头吃。我是天津一中唯一在食堂连素菜也吃不起的学生,我只能顿顿两个馒头,回宿舍泡点方便面渣就着辣酱和咸菜吃下去;我也是唯一用不起草稿纸的学生,我只能用一面印字的废纸打草稿;我还是那儿唯一没用过肥皂的学生,洗衣服总是到食堂要点碱面将就。可我从来没有自卑过,我总觉得我妈妈是一个向苦难、向厄运抗争的英雄。做她的儿子我无上光荣!

......

我要用我整个生命感激一个人,那就是哺育我成长的母亲。她是一个普通的农妇,可她教给我的做人的道理却可以激励我一生。

问津园

案例一中的小力扬不喜欢妈妈唠叨,但有人认真想过妈妈为什么爱唠叨吗?生活中仿佛总有许多令妈妈生气或不开心的事。比如晚饭后,爸爸只顾看电视,不做任何家务,还做出一副理所当然的样子;我们成绩下降,爸爸认为是妈妈的错;这段时间妈妈的确老了许多,但化妆品的价格又太贵……除了这些,我们的妈妈还处在上有老、下有小的状况中,有些可能还面临失业。面对如此多的压力,妈妈们只能在家里说说喽!

案例二中的佳芬对别人给予的小惠"感激不尽",却对父母、亲人,一辈子的似海恩情熟视无睹而未曾感念过!

同学们,你们是不是不知道父母的工作情况,不知道父母的钱是怎样挣来的,只知道向父母要钱买这买那,认为父母给自己吃好的、穿好的、用好的是天经地义的呢?

而当你们看到父母为了自己、为了家庭而努力工作的时候,你有没有发自心底地说一声谢谢呢?

案例三中的安某看到了妈妈不容易的地方,明白母亲的钱来之不易,他珍惜自己的生活,也从心底里产生对母亲的感激和敬重。

古人说,滴水之恩,当涌泉相报,就是告诫人们要有一颗感恩的心。我们在成长的过程中,要学会感恩,懂得感恩,这是一个人具有良好心态的表现。感恩,让我们先从感激父母开始。

智慧园

亲情是一个人善心、爱心和良心的综合表现;孝敬父母、尊敬长辈,是做人的本分,也是各种品德形成的前提。试想,一个人如果连孝敬父母、报答养育之恩都做不到,谁还相信他是个"人"呢? 又有谁愿意和他打交道呢? 因此,孝敬父母的品格是我们一定要培养的。

那么,我们应该怎样孝敬父母呢?

1.主动地关心理解父母。

我们的爸爸妈妈也有工作的压力,他们和我们一样需要关心和帮助。所以,我们要多关心理解父母。

每周主动跟父母一起做几件事,边做边交流,每天可在饭前饭后,和父母主动谈谈自己的学校、老师和朋友,高兴的事或不高兴的事,让家人一起分享你的喜怒哀乐。

父母都很爱自己的孩子,他们把子女放在很重要的位置上。你的父母肯定会有兴趣了解你的生活,也会因为你给予他们了解你的机会而感动。

当被父母批评或责骂时,不要急于反驳,不随意发脾气、顶嘴,避免不小心说出或做出伤害人的事,试着平心静气地先听完父母的想法,这样也许会真正理解你的父母。

2.主动地了解父母为家庭付出的辛苦。

我们应当有意识地经常了解父母的工作和收入的情况。这样就会明白父母的钱来之不易,我们就会关心父母,理解父母,也会从心底里产生对父母的感激和敬重。

3.在一些小事情上关心父母。

除读书学习外,我们要积极协助父母做家务,主动分担一些家庭责任,比如洗碗、倒垃圾、擦地板等。

大家要了解父母,孝敬父母。如在节日或父母生日时送点礼物表达心意,或一同外出联络感情;多利用言语表达你的关心,如早上要向父母说声"早晨好"等。

4.将父母对自己的爱记在心中。

同学们,在生活中,我们有很多人只知道接受父母无私的爱,那我们有没有想过我们应当怎样给父母自己的爱呢?

其实,由于我们是未成年人,除了在一些小事上关心父母外,更重要的是,我们一定要把父母的恩情记在心中,时刻鼓励自己要努力学习,要快速成长,去感激父母的恩情,一定要让父母为我们感到高兴。

感恩是一种美好的情感,是一种良知和动力。当一个人懂得感恩时,便会将感恩化作一种充满爱意的行动,实践于生活中。拥有一颗感恩的心,让我们从小事做起,报答养育我们的父母吧!

学习 4.勇于承担自己的责任

良好的责任心是要靠坚强的意志力和持之以恒的态度来维持的,而这恰恰是成长中的我们所缺失的。年轻人往往好奇心很强,兴趣爱好也很广泛,但做起事情来却只有几分钟的热度,不是虎头蛇尾,就是半途而废,稍微遇到一点困难和挫折,就打退堂鼓,不愿意再坚持下去,这是没有责任心的表现。

我们的肩膀虽然稚嫩,但也应该能够承受生命中的一些分量。从小培养责任心,对自己的行为负责,别事事指望别人,这对我们长大后勇于担当责任是一种很好的锻炼。当一个人亲身品尝到这种滋味后,做起事来就不会鲁莽、草率,因为他知道错误需要付出沉重的代价。

是否有责任心,是衡量一个人的重要标准。因此,我们应从小树立敢于担当的责任意识,这也是培养我们健康人格的重要内容之一。

百汇园

[案例一]

小红是一名高中生,但未满16周岁,她很想自己打工挣钱多买些书。征得父母的同意后,她利用暑假到一家公司打工,负责向市民发送公司产品的宣传画。一次,她不慎丢了三百多张宣传画。按照公司规定,她要照价赔偿。要不要向公司汇报呢?她陷入了矛盾之中……

[案例二]

李某是一名普通学生,大家都叫他"管事大王"。为了美化教室,他动员大家从家里带来了一些花卉；邻班同学来借卫生工具，他记在笔记本上要他们及时归还；班级参加学校的竞赛，他一天往公布成绩的布告栏跑好几趟，然后在第一时间向全班发布本班的参赛成绩……一次，李同学要求值日马虎的同学重新打扫教室，值日生气呼呼地冲他大嚷："你是卫生委员吗？真是多管闲事！"

[案例三]

在甘肃省庆阳地区，有一个名叫李勇的孩子。他6岁时，父亲瘫痪，从此母亲一人担起全家的生活重担。李勇为了减轻母亲的负担，小小年纪便开始帮母亲割草、喂猪、照顾父亲，做些力所能及的家务……

上初中后，父亲的病更重了，母亲也上了年纪，李勇除了挤时间干更多的家务外，星期天还给牛铡够一周所吃的草，挑够人畜一周的用水。在学校，他不但自己刻苦学习，还帮助有困难的同学学习。

初中毕业，李勇被破格推荐到庆阳师范上学。这时，母亲不幸去世。为了能照顾父亲，1995年9月，李勇背起了父亲去上学。他在学校外租了两间房，先将父亲安顿好了再去报到。在学校，他用学校补助的40元钱自己做饭，父子两人吃；利用休息日，他给父亲换洗衣服，还背父亲出门晒太阳。有时，他背着父亲去逛夜市，为了让父亲高兴，他还一边走一边讲着故事……

[案例四]

一天，天天的爸爸去学校接他回家，才到半路上，就看见儿子一个人背着小书包在过马路。

爸爸立刻停车跑过去问道："今天怎么这么早就放学了？怎么就你

一个人,以前不都是跟同学一块回家的吗?"

天天神秘地说:"今天班里进行大扫除,他们都在扫地、擦玻璃呢,我看老师没在,也没人管,就先出来了,这样我就不用扫地了。"

爸爸听后问:"今天的大扫除是全班都参与的吗?"

天天说:"是的,所以趁着人多我就溜出来了。"

爸爸严厉地说:"回去!"

天天不解地问:"回哪儿?"

爸爸说:"回去打扫卫生去!"

天天刚开始还以为爸爸会为自己的聪明行为感到高兴,谁知爸爸却变得不高兴,并让自己回去打扫卫生。他生气地质问爸爸:"为什么?"

爸爸严肃地对天天说:"这是你的责任!既然是全班都要参加的大扫除,就有你的一份,你就有责任去为班集体贡献你的这份力量。"

天天说:"责任?我不懂什么是责任,也不管什么是责任。"

爸爸说:"责任就是你应该做的事情必须去做,你犯下的错误必须去纠正,你作出的承诺就一定要履行。一个没有责任感的人将来是不会有出息的!"

说完,没等天天再反驳,爸爸一把抓起天天就把他拉进了车里,然后把他送进了学校,并陪他一起到了班里。这时同学们都已搞完大扫除,爸爸二话没说又带着他去向班主任承认错误。天天一时还没想通,回家后一肚子的气都"挂"在了脸上。

晚饭后,爸爸来到天天的房里,坐到天天的床边,对天天轻轻地说:"还生气呢?爸爸今天下午做得可能有点过激了,向你道歉。别再跟爸爸生气了好不好？爸爸也是为你好啊！好孩子要有责任心，应该做的事情就要做，不能耍小聪明。爸爸不希望你是一个逃避责任的人，你明白吗？"

问津园

案例一中的小红因为一时的过失而陷入矛盾之中。

其实，过失是人生的一部分。不管一个人多么有经验，多么小心谨慎，都免不了会有过失，成年人尚且一不小心就会出现点过失，更何况是年幼、缺乏知识和经验、不谙世事的孩子。譬如，不小心打碎了物品、一时冲动伤害了别人、粗心大意造成了麻烦，等等。其实，出现过失并不可怕，因为这正是教育我们、让我们获得经验的机会。

我们不能推卸责任，不要为自己的过失找借口，要勇于对自己的过失负责任，积极想办法去弥补过失，做一个富有责任感的人。

案例二中的李某是一个有着强烈的集体责任感的孩子。当我们生活在某个集体之中，我们就要以主人翁的态度对待这个集体，自觉地承担作为集体一员应该尽的责任。当然，承担责任，需要付出努力和代价，有些时候，为了集体，我们需要花费更多的时间，付出更多的精力，牺牲个人的业余生活，甚至会耽误学习。因此，有些同学就可能会逃避责任。

案例三中的李勇虽然还是一个学生，但已经勇敢地承担起生活的重担。每一个人都有对家庭的责任，长期依赖别人为自己的行为负责的人，在遇到没有人能为他负责时，他就喜欢哀叹自己的"不幸"，抱怨别人的"无情"，在诉苦中历数自己做出的努力，以及受到的不公正待遇。其实，所有的抱怨都是在做理智的减法。以解剖他人的精神来寻找自己的责任,才是做加法。否则就会像两岁孩子"自己摔倒是地的错"那样荒诞可笑。

案例四中天天爸爸的做法是很恰当的,天天自认为自己耍了个小聪明,占了点儿便宜,实际上是在逃避责任,如果养成了这样的恶习,将来会吃大亏的。因为逃避责任的人,将会受到更大的惩罚。我们相信天天经过这件事后,"责任"二字一定会萦绕在他的心头。知道了该自己做的事情就要坚决做好的道理。我们看了这个故事,也要提醒自己:该自己承担的责任就要承担,要做一个有担当的人。

智慧园

责任心就是对自己作为社会的一员所应担负的责任的认识和情绪体验。责任心是后天树立起来的。我们从收拾玩具、整理书籍、完成老师布置的作业和班级交给的任务等具体活动中,开始体验按集体利益行事的必要性。随着年龄的增长和社会活动范围的扩大,这种意识逐渐深化为对他人热情关怀,对朋友忠诚守信,对学习和工作认真负责,最终发展为关心家庭、集体,热爱祖国,关心整个社会。

那么,我们应该怎样培养我们的责任感呢?

1.首先是对自己负责。对自己负责,说到底,也就是对他人负责、对社会负责。我们每个人都应该具有责任感。

在我们的学习生活中,责任心是衡量一个人成熟与否的重要标准。一个缺乏责任心的人,在遇到没有人能为他负责的时候,就喜欢哀叹自己的不幸,抱怨生活的不公。其实,这些都是毫无意义的。

2.对他人负责。我对他人负责,他人也对我负责;我们周围有许多人,他们履行社会责任,从来不言代价与回报,这种奉献精神,是社会责任感的集中体现。

3.培养自己对家庭的责任感,和父母经常进行平等的交流,更多地参与家庭事务。

我们和父母之间进行一些平等的交流,也是培养责任心的一种方式,我们可以倾听大人关于生活、事业、家庭的感受,了解他们也有喜怒哀乐,这有助于我们更快地成长,更好地培养我们的责任意识。

我们可以向父母多敞开一些相互交流的大门,经常听他们讲一讲成年人所遭遇的苦恼、家务事的烦琐、工作上的困惑,从而懂得父母是不容易的、生活是艰辛的,会产生为他们分担一些忧虑的念头。同时让他们多听听我们的意见,充分采纳我们有价值的建议,欣赏我们的任何想帮助父母的举动,这些都能很好地激发我们的责任心和能对家庭有所助益的自豪感。我们对于父母的工作经历及家庭里的日常事务进行了解与分析,也是我们洞察世事、了解社会的有效途径,可以锻炼我们分析、判断与处理事务的能力,为我们将来有一天走上社会打好应有的基础。

我们应更多地参与家庭事务,在亲自参与的过程中,体会到生活的乐趣,并从中感悟到责任的重要性及其价值,这样有利于培养并增强我们的使命感和责任心。

4.对集体负责,维护集体利益。只有维护了集体利益,个人利益才有保障。关爱集体,人人有责。

在家庭中,未成年人要有意识地做一些他们力所能及的劳动任务,譬如打扫卫生、负责为院子里的花草浇水等等。

5.作为公民,在做好自己本职工作的同时,要胸怀天下,承担起关爱社会的责任,共同营造"我为人人,人人为我"的社会氛围。

6.只有人人都认识到自己扮演的角色,尽到自己的责任,才能共同建设和谐美好的社会,共享美好的幸福生活。

只有对自己切身的种种事情都能负责到底的时候,才能进一步要求自己对其他的事情负起责任。你应该有意识地找一些事情做,而且要认真去做,善始善终,不能想做就做,不想做就不做。只要对自己有信心,一点一点地培养,你就会养成对自己的行为负责的习惯。

做一个有责任心的人,学会担当,这份责任心会让我们将事情做得完整,做得更好。

学习 5. 拥有一颗坚持的心

贝多芬曾说过:"涓滴之水可以磨损大石,不是由于它力量强大,而是由于昼夜不舍的滴坠。"一个没有恒心的人,做事难免情绪浮躁,急于求成,可结果往往事与愿违,不是半途而废,就是不了了之。因此,在成长、学习的过程中,我们要克服浮躁的情绪,使自己成为一个有恒心的人。

百汇园

[案例一]

新生开学了。"今天只学一件最容易的事情,每人把胳膊尽量往前甩,然后再尽量往后甩,每天做 300 下。"老师说。

一个月以后有 90% 的人坚持。

又过一个月仅剩 80% 的人坚持。

一年以后,老师问:"每天还坚持甩 300 下的请举手!"整个教室里,只有一个人举手,他后来成为了世界上伟大的哲学家。

[案例二]

初秋时节的一天,明明第一次从叔叔手里接过鱼竿,跟着他穿过树林去钓鱼。多年的垂钓经验使叔叔深谙何处小狗鱼最多,他特意将明明安排在最有利的位置上。明明模仿别人钓鱼的样子,甩出钓鱼线,宛若青蛙跳动似的在水面疾速地抖动鱼钩上的诱饵,眼巴巴地等候鱼儿前来吞食。过了好一阵子,什么动静也没有,明明不免有些失望。

"再试试看。"叔叔鼓励道。忽然,诱饵消失得无影无踪了。

"这回好啦,"明明暗忖,"总算来了一条鱼了。"他赶紧猛地一拉鱼竿。岂料扯出的却是一团水草……

明明一次又一次地挥动发酸的手臂,把钓线扔出去,但提出水面时却总是空空如也。他望着叔叔,脸上露出恳求的神色。

"再试一遍,"叔叔若无其事地说,"钓鱼得有耐心才行。"

突然间,好像有什么东西在拽明明的钓线,旋即一下子将它拖入了深水之中。明明连忙往上一拉鱼竿,立刻看到一条讨人喜欢的小狗鱼在璀璨的阳光下活蹦乱跳。

"叔叔!"他掉转头,欣喜若狂地喊道,"我钓上来一条!"

"还没有哩?"叔叔慢条斯理地说。他的话音未落,只见那条惊恐万状的小狗鱼鳞光一闪,便箭一般地射向了河心。

钓线上的鱼钩不见了。明明功亏一篑,眼看快到手的捕获物又失去了。

他感到分外伤心,满脸沮丧地一屁股坐在草滩上。叔叔重新替他缚上鱼钩,挂上诱饵,又把鱼竿塞到他手里,叫他再碰一碰运气。

"记住,小家伙,"叔叔微笑着,意味深长地说,"在鱼儿尚未被拽上岸之前,一定要有耐心,千万别吹嘘你钓住了鱼……"

[案例三]

1987年,她14岁,在湖南益阳的一个小镇上卖茶,1毛钱一杯。因为她的茶杯比别人大一号,所以卖得最快,那时,她总是快乐地忙碌着。

1990年,她17岁,她把卖茶的摊点搬到了益阳市,并且改卖当地特有的"擂茶"。擂茶制作比较麻烦,但也卖得起价钱。那时,她的小生意总是忙忙碌碌。

1993年,她20岁,仍在卖茶,不过卖的地点又变了,在省城长沙,摊点也变成了小店面。客人进门后,必能品尝到热乎乎的香茶,在尽情享用后,他们或多或少会掏钱再拎上一两袋茶叶。

1997年,她24岁,长达十年的光阴,她始终在茶叶与茶水间滚打。这时,她已经拥有37家茶庄,遍布于长沙、西安、深圳、上海等地。福建安溪、浙江杭州的茶商们一提起她的名字,莫不竖起大拇指。

2003年,她30岁,她的最大梦想实现了。"在本来习惯于喝咖啡的国度里,也有洋溢着茶叶清香的茶庄出现,那就是我开的……"说这句话时她已经把茶庄开到了新加坡。

问津园

从案例一中可以发现:甩手从动作上看很简单,但是每天坚持却是一件不容易的事。成功没有秘诀,贵在坚持不懈。任何伟大的事业,成于坚持不懈,毁于半途而废。其实,世间最容易的事是坚持,最难的,也是坚持。说它容易,是因为只要愿意,人人都能做到;说它难,是因为能真正坚持下来的,终究只是少数人。

案例二告诉我们一件事没做成之前,不能因盲目乐观而自吹自擂,而是要耐心地去把事情真正做完。事情没做完之前就自吹自擂,是一种没有耐心和恒心的表现。

做事情不能浮躁,要善始善终地做好每一件事。在生活中我们很多人做事只有三分钟热度,经常是只有开头而没有了结尾,结果任何事都没有做好。"功亏一篑""行百里者半九十"这些古语都说明,关键时刻不能松懈,半途而废只会造成前功尽弃。同时,事情没有做完之前就自吹自擂,这样只会让自己失去耐心和信心,事情反而变得更糟。

案例三中的女孩告诉我们恒心的力量。

你能看见时针在走吗?不能,然而它却时刻在走。我们身边的许多事物,其运动变化的过程都很慢,我们在短期内是无法观察到的;但若隔一段时间再看它时,你会发现它已今非昔比。这就是恒心的改变。这个卖茶的女孩传递给我们的不仅仅是茶香,更有许多做人的哲理,耐人寻味。

同学们,做事情总会遇到困难,谁怕困难谁就做不成事情。恒心与毅力是成功的不二法门,如果一个人做事没有恒心、毅力,那他做事必定不会成功。一件事如果不能彻彻底底地做完,那就好像古人说的:"为山九仞,功亏一篑。"所以说无法坚持到底是最危险也是最要不得的。

智慧园

同学们,我们所缺少的往往是坚持到底的毅力和勇气。其实很多事,我们既然已经付出了努力,只要有点恒心,再坚持一下,就有可能成功了。可有的人,就因为缺少那么点恒心,提前泄了气,使曾经的努力付诸东流。少点浮躁,多点恒心,是做事最基本的原则。

恒心,是一种坚持不懈的心智状态。我们应该如何培养我们的恒心呢?

1. 要有坚定的目标,并且制定的目标越具体越好。

如果目标比较模糊,或者目标比较大,那么这个目标就很难完成,当然也就很难有始有终了。只有经过努力可以实现的目标,有人把这个目标比作是"跳起来可以够得到的苹果",才可能做到有始有终。所以,在开始做一件事情之前,我们不妨认真地想想自己要达到什么样的目标。

2. 恒心要用在对的事情上,一定要有正确的方向。

同学们,恒心要用在对的事情上。如果你立志要做一百件坏事,那么这叫执迷不悟、一错再错,这不是真正的恒心,所以说恒心是要用在好的事情上的,万万不可用在错误的地方。一件事或是一个观念是救命良药还是杀人凶器就掌握在运用它的人的手上,这其实只有一线之隔,只要你意志坚定。相信这些观念都能变成让人类更加幸福快乐的助力。

3. 严格执行自己的计划,克服诱惑,培养毅力。

我们要养成坚持到底的习惯,不管眼前有怎样的诱惑,一定要坚持先完成计划再说。刚开始的时候,会很难,但是当你战胜几次诱惑后,你就会发现,自己开始变得越来越有毅力了。

严格执行计划的习惯,是实现目标、克敌制胜的法宝。谁能根据奋斗目标制订出科学的计划,并且定时定量地完成计划,谁就能无往而不胜。

一般说来,目标比较容易确定,计划也比较容易制订,难的是定时定量地完成计划。这就是通常所说的"知易行难"。

4. 学会自我监督和自我激励,要自觉锻炼意志力。

一件事情开始后,我们就要不断地自我检查、监督。对于做得不够好的地方及时地改正,如果自己解决不了,就去请教爸爸妈妈和老师,请他们给予帮助,进行积极调整和弥补;对自己做得好的地方给予积极的肯定,不妨给自己一些奖赏。

5.同学们,持之以恒的精神在我们的学习和生活中非常重要,所以我们要自觉锻炼自己的意志,才能在以后的生活中取得伟大的成就。

同学们,只要你拥有恒心,拥有坚持不懈的精神,你就拥有"成功之钥",你就能打开成功之门,走向未来光明璀璨的康庄大道。

学习6. 诚信是做人的根本

　　诚实是力量的一种象征,它显示着一个人的高度自重和内心的安全感与尊严感。信用是难得易失的,费十年工夫积累的信用,往往由于一时的言行而失掉。老老实实最能打动人心。诚实而无知,是软弱的、无用的;然而有知识而不诚实,却是危险的、可怕的。

　　个人的诚信银行、企业的诚信银行随着社会的发展必将逐渐完善。越是摸不着、看不见的品质越能成就一个人,或者,毁掉一个人的美好前景。

百汇园

[案例一]

小菊的遭遇(一)

　　小菊活泼开朗,说话直爽。那天她对小茜说:"你太胖了,穿这件白色连衣裙不好看,简直像一只白熊。"小菊的同桌小舟的父母离婚了,小舟不愿意对别人提这件事,小菊偶然知道了。一次,全班填写社会调查表,有"是否单亲家庭"一栏,小舟空着没填,小菊当众大声问:"你爸妈不是离婚了吗?"

[案例二]

小菊的遭遇(二)

　　小菊的爷爷得了癌症,生命即将走到尽头,但他自己还不知道自己得的是不治之症。病床前,当爷爷问起自己的病情,小菊的妈妈说:"您的病并不严重,只要自己有信心就一定能治好。"站在一旁的小菊听了,不禁纳闷:"老师说做人不能弄虚作假,可妈妈为什么要骗爷爷呢?"

[案例三]

一名留学生在德国留学时,每天都要乘地铁,慢慢地,他发现德国的地铁没有检票口,他在一次乘车时没有买票,结果没有任何人找他麻烦,他暗自庆幸。于是在后来的日子里,又有几次没有买票,毕业后他以各科全A的成绩去德国各大公司求职均遭到拒绝,他只好降低自己的求职条件,可是仍不被聘用。

在一次求职失败后,他愤怒地质问拒聘自己的人事主管自己成绩优异而不被录用的原因,在他一再的追问下,对方只好说:非常遗憾,由于您的社会信用上记录着您曾乘地铁没有买票,因此我们不能聘用您。

[案例四]

林先生通过手机短信,委托黄先生代购两注当晚开奖的双色球"7+8"全复式彩票,当时并没有付款给他。但令人意想不到的是,当晚开奖时,其中1注竟中了1200万元的巨奖。黄先生打电话询问福彩中心,当得到确认后,马上与林先生取得了联系,并亲自打车把彩票交到了林先生手中。

第二天,黄先生不昧巨奖的消息很快传遍了全省,福彩中心专程给他送来一面"诚实守信"的锦旗和奖金。据悉,这是我国彩票发行20年来,所涉奖金额最高的诚信事例。

对黄先生来说,夫妻俩都没有固定工作,年迈的父亲长期在家养病,生活重压常常令他喘不过气来。但在巨额奖金面前,他选择了诚信。

"你当时就没有想到把这彩票据为己有吗?"面对大家同样的问题,憨厚的黄先生说:"当时是有一刹那间的念头,但只是一闪而过。如果我去领这笔钱,我会一辈子心里不安的。""我是把属于别人的东西还给了人家,这没什么特别的,以后遇到这样的事我还会这么做的。"

问津园

由案例一我们看到小菊没有顾及别人的感受,虽然表现出了诚实,但却伤害到了他人。人应该诚实,但是不等于无所顾忌地、不适当地说出一切。否则不分场合和对象将不适当的话和盘托出,即使是真话,也不是诚实的要求,只能被视为愚蠢。

诚实是拒绝谎言,却不排除必要的沉默。我们应该懂得在适当的场合和对象面前适当地说话。

案例二让我们懂得在生活中,存在一种"善意的谎言"。在某些情况下,出于善意的目的,需要对真实加以掩饰。这种做法是出于对别人的关怀、体贴、鼓励、安慰的目的,是将心比心、与人为善,是美德,而损人利己的谎言是丑陋的,是品德不良的表现,两者有本质的区别。

诚信并不意味着迂腐。做一个诚信的人,并不意味着不要个人利益,并不意味着不讲究沟通艺术和适当的变通。

生活中一些善意的谎言是需要的,如一个人得了癌症、濒临死亡,给他一个美丽的谎言,是对他生命的承诺和希望;行走于职场的人,周旋于各色人等,学会辩证地看问题,看到事物的不同方面,学会用不同语言表达相同的意想,学会用艺术的可让人接受的方式说真话,这些都是诚信的不同表现。

案例三中这个留学生第一不尊重规则,不仅如此,他善于发现规则中的漏洞并恶意使用;第二,这个留学生不值得信任。社会的许多工作的进行是必须依靠信任进行的,在德国,公共交通系统的售票处是自助的,没有设置复杂的监督机构,他们的公共交通系统就是靠这种自我监督的方式进行售票,也就是这种制度才最能考验一个人的诚信度。所以一件小事,能看出人的品质的高下。一个有道德的人,即使在无人监督的情况下,也不会去做违反道德纪律的事。我们都应该成为这样的人。

从这个例子中我们可以看出德国对诚信的重视,这是日耳曼民族的自我约束精神,具有高昂活力与凝聚力的来源所在。诚信是公平机制得以顺利运行的前提,如果群体内部互相之间无诚信可言,那么群体内部之间在共进退时的所谓公平就难以获得信任。这也就是以公平来保障诚信,而以诚信再来保障公平,从而形成良性的循环。

案例四中当一笔原本不属于自己的巨大财富意外落到自己手上时,是取是舍?这是对诚信的最大考验。黄先生,一名普通的福彩站点业主,面对一张代人购买却中了1200万元大奖的彩票,他主动选择了将彩票送归原主。

1200万元对任何人而言,都是一笔巨大财富,但黄先生把诚信看得更重要。

人可以没有金钱,可以没有地位,但是不能缺少诚信,诚信就像一面镜子,折射出一个人的心灵世界。黄先生虽然身处困难,但他把握住了做人的底线。在这个普通人身上我们看到了一个高大的形象,还有一颗纯美的"诚心"。

智慧园

诚实是做人最起码的道德规范,它既是一种道德品质,也是一种公共义务,还是一个人能在社会生活中安身立命之根本,是为人的最重要的品德。为了让自己在将来激烈的竞争中立于不败之地,我们应从小懂得要做一个讲诚信的人。

我们应该怎样做才能成为一个有诚信的人呢?

1.讲求诚信,从点滴做起。

培养诚信要扎根渗透于日常生活的琐碎点滴中,贯穿生活的每一个细节。

我们要求自己说真话,不说假话;做错事时勇于承认自己的错误并能及时改正;不拿别人的东西,借别人的东西要还;做到言必信,行必果。

2.任何时候不以谎言来投机取巧。

我们知道,那些没完没了地说谎和弄虚作假的人,他们最终的结果就是:即使某一天他说了实话,大家也不会再信任他。因为再美丽的谎话也只能欺骗别人一次两次,多了就没有人再相信,就像我们熟知的那个"狼来了"的故事中的那个孩子。

所以,不论任何时候,我们都要以诚实作为我们的学习、生活标准之一,不论别人怎么说,这一点我们必须坚持。

3.认真履行自己的承诺。

同学们,我们应该为我们每一个承诺负责。因为,我们的承诺将会影响我们周围的同学、父母、老师。甚至,我们的承诺也许会改变他们的人生,那么我们又怎么能够不认真对待我们的承诺呢?

4.真诚地对待身边的人。

人与人之间的真诚和信赖都是相互的,你对别人敞开心扉,别人也会信赖你。没有谁会愿意活在欺骗与虚假中,大方些、坦诚些,真诚面对,你会得到意想不到的收获。

一滴水能够折射出太阳的七彩斑斓,举手投足可以显示出一个人道德素养的高下优劣。我们应该从大处着眼,小处着手,从不说谎、不抄袭作业、考试不作弊、拾金不昧等最基本的日常行为规范和道德要求做起。只要在诚信的道路上循序渐进,持之以恒,相信诚信教育的最终目的——培养完善的人格将会达到。而迈好诚信的第一步,会使我们终身受益。

学习 7. 宽容是人生的智慧

宽容是人与人之间的润滑剂,有了宽容,人与人之间就少了许多纠纷,多了一分宁静;少了许多敌对,多了一些美好。有了宽容,人间才会变成美好的天堂。

有一副古联这样写道:和为天下传家宝,忍为人间化气丹。意即只要人与人之间能和睦相处,就是普天下最宝贵的财富;遇事只要奉行一个忍字,再深的矛盾都可以化解。

记住别人的好,忘记别人的坏,你就会在幸福而又宽容的天空下自由地翱翔!

百汇园

[案例一]

情景 A:我的同桌平时不认真学习,作业总是抄得多,考试也想不劳而获。在昨天的数学测试中,他不断地向我比手势、使眼色,最后,我拗不过他,还是把答案给他看了。

情景 B:我的好朋友又向我来借钱了,他已经是第三次向我借钱了,每次他都愧疚地说,钱玩游戏机输光了,以后会还的。看着他可怜的样子,我只好借给他。

[案例二]

上班第一天,天公不作美,下起了毛毛雨。小向打扮好后就早早出了家门,他举起雨伞,小心地行走着。当他走到公司门前时,一个意外发生了:一辆汽车从小向身边呼啸而过,将几滴污水溅到他的西裤上。他用卫生纸擦了几下,依然有脏痕。他叹了口气,只好心情郁闷地走进公司大门。

他边走边想:等会儿新同事见了他一定会说,瞧,那家伙第一天上班就这样邋遢!老板也会把他看作是一个不注重细节的人,难以重用;女同事也会给下个不修边幅的结论,偷偷笑他……他越想越烦心,越想越担心。

结果,他这一天的工作简直是糟糕透了,他躲着同事,心烦意乱地工作,不是碰翻了老板的盆栽,就是拿错了同事的文件,还弄坏了公司的饮水机……回到家里,他咬咬牙,狠狠地扔掉了裤子,把一切过失都强加到它头上。

问津园

案例一让我们看到没有原则的宽容是一种错误。

宽容是什么?宽容是一种依托于博大胸襟的高尚境界。宽容不是放任,不是纵容,更不是消极的无所作为。宽容意味着尊重、信任、理解和沟通。宽容是宽松气氛的刻意营造,是不同主张的彼此交融。

在我们的生活中,你是不是也像案例二中的小向一样,动不动就为一些鸡毛蒜皮的小事而动怒?例如,被人碰了一下,杯子掉在了地上,挨了别人一顿白眼……要知道,整日为小事而闷闷不乐,就会影响自己的身心健康。曾经有人指出:"为小事而生气的人,生命是短促的。"如果让微不足道的小事时常吞噬人的心灵,这种不愉快的感觉会让人可怜地度过一生。

智慧园

豁达大度的人，心底无私、心灵纯净、心胸宽广。他们不计前嫌，不计名利，心态坦然。面对困境和不快，他们依然能保持积极向上的乐观态度，能够以仁爱者的宽广胸怀来承纳生活的压力；他们站得高看得远，知识渊博、才华横溢，不在乎小枝小叶；他们认为人生是一次体验，以乐观的态度通过改变自己的生存状态，调节自己的心理感受，维护心灵的最佳状态。这样的人，无疑是我们学习的榜样。

曾有人问过托马斯·阿尔瓦·爱迪生，让他谈谈对小时候打聋他耳朵的那位列车员的看法。令人意外的是，爱迪生并没有大肆地辱骂那位列车员，他不以自己的声望去压倒列车员，而是幽默、机智地回答道："我感谢他，感谢他给我一个无人喧嚣的环境，使我能够专心致志地完成更多的试验发明！"爱迪生不仅宽容地对待了这位列车员，而且从这次不幸中找到了发明创造的动力与源泉。

同学们，这些伟大的人向我们证明了：宽容了别人，等于善待了自己。宽容是成就事业的基石，化解矛盾的良药，利己利人的法宝。

同学们，人生在世，伤害无处不在，一颗不能承受伤害的心灵是脆弱而难以生存的；一颗不能谅解伤害并宽容异己的心灵不仅伤害别人，也折磨自己。拥有宽容，每个清晨，你都会在希望中醒来。一旦你拥有宽容的美德，你将一生收获笑容。

那么，我们怎样培养我们宽容的品格呢？

1. 用宽容的心胸化解矛盾。

同学们，我们生活在一个集体中，整日与我们的同学一起生活、一起学习,难免与别人产生误会、摩擦。如果不注意,在我们启动仇恨之时,"仇恨袋"便会悄悄成长,最终会堵塞我们通向成才的道路。所以我们一定要记着在自己的"仇恨袋"里装满宽容,那样我们就会少一份烦恼,多一份友谊。

2. 用原谅代替指责。

很多事情,本来也就可大可小、可有可无,每个人的身上也总会有几处污点,疾恶如仇的人猛盯着那些地方看,心中充满了憎恶;宽容的人却不会一味注意那些脏污的地方,而是往好处看,只要瑕不掩瑜,心中自然充满了喜乐。

3. 学会换个角度想问题。

做人有时就应该懂得适时地转弯,反向思考,为自己的困顿找出路。困难其实没有想象中的那么复杂,只要换个角度,你就可以看得更清楚。

4. 不要片面地判断别人。

太仔细观察别人的错误,反而会察觉不到自己本身的缺失,容人是一种雅量,偶尔擦拭自己的心窗,不为灰尘所蒙蔽,窗明几净,才能眺望得更高更远。

天空容留每一片云彩,不论其美丑,故天空广阔无比;高山容留每一块岩石,不论其大小,故高山雄伟壮观;大海容留每一朵浪花,不论其清浊,故大海浩瀚无际。

同学们,让我们怀着一颗宽容的心,学会爱己,也学会爱人。

学习 8. 学会理解他人

法国著名教育家卢梭说:"人在心中应该设身处地想到的,不是那些比我们更幸福的人,而是那些比我们更值得同情的人。"理解在于沟通,能以同情心替他人着想,学会换位思考,会很好地帮助你去理解他人,这样能化解很多矛盾,使很多问题迎刃而解。

百汇园

[案例一]

下了第一节课,小红给钢笔加墨水。突然一不小心,墨水溅到了同桌小辉的袖子上,顿时校服上一片黑。小红吓呆了,连说:"对不起!"

小辉猛地跳起来,出口就骂:"有没有搞错啊? 你安的什么心,要这样害我! 我不管,你赔我的校服钱……"小红一听也生气,于是教室里冒出一阵火药味!

[案例二]

小健参加了校运会 400 米的比赛,比赛前他每天下午都到田径场训练,结果他取得了第 8 名,班主任公开表扬了他。但课间却听到有同学这样说:"小健跑步并不厉害,偏要争着去报名。他只不过是想出风头而已。"

[案例三]

情景一

学生甲一副愁眉苦脸的神情,沮丧地走着。碰到乙,上前倾诉说:"我最近好烦恼,我的数学考试又不及格,被老师训了一顿,又被老爸打了一顿,而且……"乙一边打着哈欠,一边东张西望,一副毫不关心的样子。

情景二

甲更加烦恼。这时候他碰到正在做作业的丙。甲上前求助:"我最近好烦恼,我的数学考试不及格,被老师训了一顿,又被爸爸打了一顿,而且……"丙一副不耐烦的样子:"别烦我,没看见我正忙着吗?别来烦我,走开走开!"

情景三

甲更加烦恼痛苦,这个时候他又碰到了丁,甲上前去,诉苦求助:"我的……"丁一听,急忙插嘴:"怎么了,你烦恼什么?"甲说:"我的数学……"丁又插嘴说:"数学作业又没交吗?不会做吗?是你没听讲吧?"甲解释道:"不是,是我的……"丁继续插嘴说:"是不是考试偷看被老师抓到了,还是你老爸不让你玩游戏把游戏机给没收了?……"甲看着丁一股脑地说了一大串话,自己就是插不上嘴,更加苦恼了,唉声叹气地走了。

[案例四]

屠格涅夫在一次外出散步时碰到一个乞丐向他乞讨,他在衣袋里摸了半天,然后抱歉地说:"兄弟啊,实在对不起,我没带吃的东西,钱包也丢在家里了。"乞丐突然紧紧地抓住屠格涅夫的手,一个劲儿地说:"谢谢你,谢谢你,太谢谢你了!"屠格涅夫不解地问:"你谢我什么呢,我什么也没有给你啊。"乞丐激动地说:"我本想找点东西吃然后去自杀,没想到你竟然称我为兄弟!还向我表示歉意,你给了我活下去的勇气。"

问津园

案例一中小辉如果多一点善意的理解就不会和小红争得面红耳赤。我们应该学会超越自己的主观感受,站在对方的角度考虑问题,体谅对方的心情,理解对方的行为,明白对方的需要,以友好的态度体谅别人的处境和感受。

案例二告诉我们应学会尊重别人的独立人格,尊重别人的个性、意愿和选择,用积极的态度去理解别人与自己不同的看法、要求和行为方式。

案例三让我们看到理解他人要求我们成为一个合格的听众。成为一个合格的听众必须掌握五条基本要素:

1. 诚心:抱着谦虚的态度听。

2. 专心:仔细地听,不要三心二意。

3. 用心:捕捉对方话语中的含义或言外之意

4. 耐心:不要轻易插嘴。

5. 应心:给予适当的回应,鼓励对方说下去。

没有倾听就没有沟通。如果缺少沟通就容易产生隔阂,互相不了解,就谈不上互相理解。一个善于与别人沟通的人,往往能够很好地理解他人,同时也会被他人所理解,容易与人和谐共处。

案例四中的屠格涅夫站在乞丐的角度,以换位思考的方式挽救了这个乞丐的生命。

所谓换位思考,其实就是理解别人的想法、感受,从对方的立场来看待问题和事情。曾经有个心理学家为了解婴儿为什么在人多的场合哭这个问题,他就蹲下来从婴儿的位置来看世界。他发现婴儿没有办法看到别人的脸,只能看到大家的腿。这时他才知道婴儿处在一个满是腿的世界,怎能不哭呢?

对于大家来说也是一样的。当家长或老师批评自己后,如果心里有气,不妨换一个角度设身处地为他们想一想:如果你是他们,碰到这种情况,会怎么想,怎么做呢?这样,就可以理解家长、老师对你的关心、爱护的态度;也可以调节自己不高兴的情绪,有利于身心健康;还可以知道自己错在哪里,从而改正错误。俗话说"将心比心",就是这样的。

智慧园

一位智者曾经对一位少年说过四句话,对人生具有很重要的指导作用,这四句话分别是:

把自己当成别人;把别人当成自己;

把别人当成别人;把自己当成自己。

其中第一句话和第二句话讲的就是人与人之间要相互体谅,在把自己当成别人的同时也要把别人当成自己。对于别人的苦衷要能够体谅,对自己的行为也要站在别人的角度来考虑。

可是,我们怎样做才能学会理解别人呢?

1. 先站在别人的角度想问题。

如果你想得到别人的理解,必须先学会理解别人。

人的心灵里有一个共同的原则——平等,这个平等的概念是一个广义的,比如付出要得到回报,不用金钱衡量人,同情弱者、受害者,反对种族歧视等等。出于这种心理,很多人都不愿意主动做某些事,因此如果你想让别人理解你,你必须先付出诚意。你会不会设身处地地为别人考虑呢?你会不会用别人的眼光看待事物呢?你会不会用别人的思维理解事情呢?如果不会,别人也不会这样做(当然也有特殊的情况),很多事情都是相互的,只不过主动的一方有种先付出的感觉,想不付出就得回报的也有,但不是经常发生。所以想得到回报必须得先付出,得到别人的理解也是这个道理。

2. 不是任何形式的理解你都得接受,要有选择。

有些人的理解更多的是同情,这种理解是出于好心,但对于解决实际问题也没有太大的意义。一个人需要理解的时候,一般都是需要帮助、认可、鼓励的时候,此时同情也就是一个安慰剂,并不是实质的帮助,因此同情不可选。别有用心的人的理解不可取,这些人的理解都是有目的的,当目的达到或没有得逞,丑恶嘴脸就暴露无遗,理解变成了伤害。自己对自己的不客观的理解不可取,这通常是自欺欺人的表现,是自私的一种表现,也是伤害别人的借口。

3. 请用理智、正确的观点来看待别人的理解。

如果别人对你好,做一些对你有利的事,你就觉得别人理解你,这样很容易就让别有用心的人给钻空子了。所以当很多人都给你理解时,你得会判断别人的理解、分析别人的理解,这才是对待别人理解的最大尊重。同学们,人在需要别人的理解时,脑子已经很乱了,也想不到这么多了,但是我还是提醒一下:有意义的理解才是真正的理解。

4. 当你估计能得到别人的理解而没有得到理解时,不要觉得你付出得太多了,付出一定必须得到回报吗?其实,你也得到了回报——你明白了一个道理:很多事情并不是想象中的那么随你心意。

同学们,在现实生活中,人人都有自己的利益,所以每个人都会从自己的角度来看问题,立场自然有所不同,因此也常常会发生矛盾。越是有矛盾,越是难以互相理解。如果能够跳出这种思维模式,学会从别人的角度看自己,你就会发现一个颠倒的世界,也会发现一个公平的世界。

第二章 习惯让一切成自然

学习1. 养成专注的习惯

同学们都知道,在军事上把兵力漫无目的地分散开,被敌人各个围歼,实属败军之将。这与我们在学习、工作和事业中使自己的精力漫无目标地散漫一片一样,永远是一个失败的人物。

学会在任何需要的时候将自己的力量和注意力都集中起来,这是一个成功者的天才品质。

百汇园

[案例一]

毛泽东在年轻的时候为了训练自己注意力集中的能力,曾经给自己立下这样一个训练科目,到城门洞里、车水马龙之处读书。

[案例二]

几年前,一支由7名队员组成的登山队攀登珠穆朗玛峰。7名队员中,有两个人格外引人注目。一个是上市集团董事长王某,对于登山,他充其量只是个业余爱好者,何况已经50多岁。另一个是比王某小10岁的队友,身体素质和状态特别好。人们纷纷预测,这名队员应该能第一个登顶。整个登山过程中,那名呼声最高的队员身兼数职,他要接受记者采访,每天还要抽空上网,关注网友发的帖子,回复人们的关心和祝福。他还要全程拍摄登山过程,并把一些相关图片,按时发给家乡的电视台。王某表现得极为低调,事先约定不接受记者采访,不面对摄像机,专心登山。在海拔8000米的营地宿营时,风景异常绚丽,队友们兴奋异常,纷纷跑出去欣赏美景,只有王某不为所动。到达海拔8300米的高度时,那名呼声最高的队友不得不放弃登顶,因为此时他的体力已消耗殆尽。最终,只有4人成功登顶,其中包括王某。

[案例三]

据说,英国物理学家牛顿请朋友到家里来做客,饭菜做好后,他就进实验室专心致志地做实验去了。朋友来后找不着牛顿,等了好一阵子,因急于赶去上班,就独自把饭菜吃了,并把吃剩下的鸡骨放在盒子里,然后走了。傍晚,牛顿做完实验准备吃饭,当他看见盒子里的鸡骨头时显出突然醒悟的样子,哈哈大笑说:"我以为自己还没吃饭呢,原来早已吃过了。"

问津园

案例一让我们看到越是喧嚣的环境越是对一个人专注力的考验。

同学们一定知道,一些优秀的军事家在炮火连天的情况下,依然能够非常沉着地、注意力高度集中地在指挥中心判断战略战术的选择和取向。生死的危险就悬在头上,但是还要能够排除这种威胁对你的干扰,来判断军事上如何部署。这种抗拒环境干扰的能力,需要训练。

案例二中王某的成功向我们证明了专注是走向成功的一条必由之路。大科学家欧立希立志制出一种药剂,经过长期不懈的努力,在失败了几百次之后，终于制出了药剂六零六。我国数学家陈景润在少年时就立志摘下数学王国的宝石——哥德巴赫猜想，他勤奋钻研，演算纸用了几麻袋，艰难困苦，玉汝于成，终于获得了重大成果。这样的例子真是俯拾即是，不胜枚举。相反，如果我们在学习或是工作上不专注一点，而是浅尝辄止的话，那我们将永远不会成功，只能浪费时间，白花气力，到头来"空悲切"一场。记得有个相声曾讽刺这种人，他们这山望着那山高，今天想当画家，明天想当音乐家，后天又想当军事家，最后只能当待在家里空发议论的"坐家"。心浮气躁不能专一，目标过多或毫无目标，但是在学习上、工作中，不管你是否犯过浅尝辄止的错误，只要你现在安下心来，认定一个正确的目标，专一而不懈地努力，你就一定会获得成功。科学路上无捷径，专一不懈见成功。

案例三中这位世界一流的物理大师聪明绝顶，为何会发生这种事情呢？这是因为牛顿专注于自己的事业。

心理学研究表明，当一个人高度专注于此时此地此事，人就会像被催眠那样，时空感觉变得扭曲，明明过了几个小时但感觉就像只过了20分钟，明明走了很长的路程可是感觉只走了很短的距离。人一进入这种时空扭曲的状态，潜能就会得到开发。那些学习成绩和工作业绩真正突出的人，都是在时空扭曲的状态下获得成功的，他们坐下来连续学习或者工作几个小时，却感觉只学习或者工作了一会儿，一点儿也不觉得疲倦，甚至达到废寝忘食的地步，成绩自然会大幅提高。

专注来自目标的专一，目标专一才会集中精力、体力，才会越钻越深，越来越向目标靠近。从另外一个角度看，也正是专注，聚集并放大了人的能量,从而推动人们不断走向成功。

智慧园

同学们常常会发现这样生动的场面,你坐在桌子前,想学数学了,这儿有一张报纸,本来是垫在书底下的,上面有些新闻,你止不住就看开了,看了半天,才知道自己是来学数学的,而一张报纸就把你牵绊住了。

在正常情况下,注意力使我们的心理活动朝向某一事物,有选择地接受某些信息,而抑制其他活动和信息,并集中全部的心理能量用于所指向的事物。

因而,良好的注意力会提高我们工作与学习的效率。

那么,我们该怎样培养自己的专注力呢?

1. 增强安静的心理状态。

一个人只有在身心放松的时候才容易认识到什么重要,什么毫无意义。因此,放松是做出选择的第一步,是通往专注的核心之路,也就是在一个喧闹嘈杂、充满刺激的环境中找到自我真正的内心宁静。放松还意味着自我松弛,谁要是不会放松自己,就不能摆脱恐惧和焦虑。人在放松状态下所表现出来的气质,就是自由和乐观。沉着镇静的人一定是自由、自信、自主的人。

对于学生来说,主要是由于学习负担重,心理压力过大,造成了高度的紧张和焦虑,从而导致了注意力无法集中的障碍。另外,睡眠不足,大脑得不到充分休息,也可能出现注意力涣散的情况。

2. 养成良好的睡眠习惯。

一些同学由于学习负担重,一到晚上便贪黑熬夜,有的同学甚至在宿舍打手电筒读书,学到深夜;有的同学不能按时休息,在宿舍和同学闲聊等等。结果早晨不能按时起床,即便勉强起来,头脑也是昏昏沉沉的,一整天都打不起精神,有的甚至在课堂上伏桌睡觉。

作为学生,主要的学习任务要在白天完成,白天无精打采,必然效率低下。

所以,如果你是"夜猫子"型的,奉劝你学学"百灵鸟",按时睡觉按时起床,养足精神,提高白天的学习效率。

3. 学会自我减压。

学生的学习任务本来就很重,老师、家长的期望,又给同学们在心理上加上了一道砝码;一些同学还对成绩、考试等看得过重,这无疑是自己给自己加压,必然不堪重负,导致疲惫、紧张和烦躁,心理上难得片刻宁静。

因此,我们要学会自我减压,一分耕耘,一分收获,只要我们平日努力了,付出了,必然会有好的回报。

4. 做些放松训练。

有效的放松训练可采用如下方式:坐在椅子上或躺在床上,然后向身体的各部位传递休息的信息;先从左脚开始,使脚部肌肉绷紧,然后松弛,同时暗示它休息,随后命令脚脖子、小腿、膝盖、大腿,一直到躯干都放松休息;之后,再从脚到躯干,然后从左右手放松到躯干。这时,再从躯干开始到颈部、头部、脸部全部放松。

这种放松训练的技术,需要反复练习才能较好地掌握,而一旦同学们掌握了这种技术,便会使自己在短短的几分钟内,达到轻松、平静的状态。

5. 做些集中注意力的训练。

这里给大家介绍一种在心理学中用来锻炼注意力的小游戏。在一张有 25 个小方格的表中,将 1～25 的数字打乱顺序,填写在这里面,然后以最快的速度从 1 数到 25,要边读边指出,同时计时。

6. 锻炼承受能力,树立必胜的信念。

一个好的运动员应该具有很强的承受能力,只有能够适应比赛时的紧张气氛不受神经紧张的影响,才能临场发挥出自己的真实水平。

那些杰出的运动员以其典范事例向我们说明了这样一个道理:即使是在极端的条件下,一个人也可以做到注意力高度集中,专注于自己所努力的目标,从内心里和精神上根本不受外界的干扰。

在失败面前,我们不能气馁或退缩,以致半途而废,而应该怀着必胜的信念,执着追求,坚韧不拔。

积极的紧张状态是非常有意义的,对于实现目标具有很重要的促进作用。一个有良好承受力的人可以把这种紧张转化为专注,这样一来,在潜意识的帮助下,就能够在自己的工作或学习领域内取得一定成就。

同学们,一个人如果能从潜意识里也专注于一项工作,那么潜意识就会成为他最好的合作者。

学习 2.让阅读成为一种习惯

同学们,你喜欢阅读吗? 你经常读书吗? 你是觉得阅读很没意思、很辛苦呢,还是认为阅读是天底下最美的事、是无与伦比的享受呢?

告诉大家,被全世界公认为最聪明的民族的犹太人,他们认为读书是甘之如饴的一件事。他们有这样一个习俗:在孩子小的时候,妈妈在书里滴上蜂蜜,让孩子去舔。这样做的用意就是要让孩子从小就体验到:书是甜的! 读书是一种美好的享受。

读书就像品尝蜂蜜,这是多么惬意的一种享受啊! 书是大脑的营养品,热爱读书,便能从中获得知识、智慧,从而变得更加聪明。

百汇园

[案例一]

我有一个好习惯,那就是每天晚上坚持看 1 到 3 页的《百科全书》,久而久之,我的科学知识就越来越多了。

有一次,常识课上,张老师做了一个实验后,就提出一个问题,钢铁一头点着火,当中用蜡烛粘在上面的火柴棒,会从前往后一根根地倒下来,这是什么原因造成的? 在我前面的几个同学都答错了,最后我也回答了这个问题,可还是错的,不过有点接近了,于是我又仔细地思考了一下,不一会儿,我又回答了这个问题,说:"因为热量使它掉了下来。"可是,张老师还是摇着头说:"不对,还少说了一个重点!"突然,我眼前一亮,想起《百科全书》里写的内容,是因为铁能传热! 于是我胸有成竹地举起手,张老师让我发言了,我口齿伶俐地说:"因为铁棒传热很快,蜡油遇到一定热量的时候,就会化开,蜡油一化,火柴棒就掉下来了!"等我说完,张老师马上就表扬了我。

[案例二]

八年级的小丽同学,过去是一个学习成绩优异、性格开朗的女孩子。不过最近老师和家长发现,小丽开始变得沉默寡言,经常一个人望着窗外发呆,而且眼睛经常是红红的,好像没有睡好的样子。老师和家长都十分担心,于是留心观察她的一举一动。终于有一天,小丽的母亲发现她晚上偷偷躲在被窝里,用手机在看一本网络言情小说,当时的时间已经过了午夜12点。在父母的追问下,小丽道出了自己的心声。原来最近班里开始流行看网络小说,男生们谈的都是武功秘籍和魔法穿越,而女生们的话题自然离不开"童话爱情"和"白马王子"。小丽为了不让自己"落伍",也开始了"文学触网"。网络小说中营造的完美的爱情故事让小丽痴迷,她多么希望自己能成为故事中的女主角。于是,她的"文学爱情幻想苦旅"就这样开始了。

[案例三]

一位高中生的母亲在谈到课外书的问题时说,在孩子读小学的时候,她为孩子购买的课外书比较多,但随着不断升入高年级学习,孩子读书的时间越来越少,到了高中更是很少有时间读课外书了,所以也就很少给孩子买课外书。

一位家长称,自己对孩子的课外阅读持"有分寸的限制"态度,即除了与学习有关的一些教辅书和极少的几部名著以外,一般的课外书都被列入禁读"黑名单"。原因非常简单,怕过多的课外阅读影响孩子的学业。他戏称此举为"壮士断腕",主要是担心孩子年龄小,自控能力差,不能按事情的轻重缓急来分配时间。他认为,在升学和就业压力都如此巨大的今天,家长有责任监督孩子在最重要的阶段做最重要的事情。

另一位家长说,自己知道广泛读书对孩子有好处,可是面临高考的激烈竞争,不得不做出牺牲。

[案例四]

1871 年春天,一个年轻人拿起了一本书,看到了对他前途有莫大影响的一句话。他是一名医科学生,生活中充满了忧虑,担心怎么通过期末考试,担心该做些什么事情,该到哪儿,怎样才能开业,怎样才能过活。

这位年轻的医科学生,在 1871 年所看到的那一句话,使他成为他那一代最有名的医学家,他创建了全世界知名的约翰霍普金斯学院,成为牛津大学医学院的钦定讲座教授——被英国国王册封为爵士。他死后,需要两大卷书——达一千四百六十六面的篇幅,才能记述他的一生。

他的名字叫威廉·奥斯勒,下面就是他在 1871 春天所看到的那句话——"最重要的就是不要去看远方模糊的,而要做手边清楚的事"。

这样的一句话,帮他度过了无忧无虑的一生。

问津园

案例一告诉我们要培养阅读的习惯,不仅要读那些我们喜欢的书,还要阅读各种门类的书籍,只有长期这样坚持下去,我们的见识才能在不知不觉间得到提高。

案例二中手机文学等新媒体文学正影响着中小学生的人生观、世界观和行为习惯。其中都市言情、武侠玄幻等题材备受中小学生喜爱。但是新媒体文学由于写作的门槛很低,只要具备上网的条件,只要会打字,只要会写一些东西,就能在网上自由地写作。网络写手的素质参差不齐,一些写手缺乏生活阅历和文学功底,在情节设计上天马行空,面壁虚构,为了迎合一些读者的阅读兴趣,刻意采用雷同的写作模式,制造缺失文学性的"速食内容",生编硬造的故事情节,动辄上百万甚至数百万字的篇幅,只是为了实现利润最大化,而与文学和艺术无关,甚至有作家评价网络文学"大致相当于中学生水平"。有的作品或以格调颓废以示前卫,或沉迷于喃喃自语的个人体验、个人隐私中,有的甚至干脆用污言秽语来装作通俗与地道。有时他们还挖空心思在作品中添加"猛料",暴力、色情成了吸引读者眼球的杀手锏,作品呈现低俗化的倾向,这些披着"文学外衣"的伪文学作品不仅不能成为中小学生的文学食粮,反而会对其人生观、世界观和行为习惯造成负面的影响。

案例三中不少家长对于中小学生的课外阅读都存在着一个认识上的误区,总觉得中小学生看课外书是看"闲书"。他们恨不得孩子每分每秒都在听写、背诵、写作文……似乎只有这样,才能提高学生的语文学习水平。这种想法,其实还是应试教育衍生出的怪胎,是一种"功利阅读"的观念。

案例四中我们可以看到读书可以改变一个人的命运。威廉·奥斯勒就是用书中的知识指引了自己的人生,创造出人生的辉煌。

智慧园

英国诗人柯勒律芝曾把读者分为四类:

第一类好比计时的沙漏漏沙,注进去,漏出来,到头来一点痕迹也没有留下;

第二类好像海绵,什么都吸收,挤一挤,流出来的东西原封不动,甚至还脏了些;

第三类像滤豆浆的布袋,豆浆都流走了,留下的只是豆渣;

第四类像开掘宝石的苦工,把矿渣甩一边,只要纯净的宝石。

那么,如何做我们才能成为一名优秀的阅读者呢?

读书要做到以下几点:

1. 激发自己的阅读兴趣。

孔子说:"知之者不如好之者,好之者不如乐之者。"美国教育家布鲁纳也说:"最好的学习动机莫过于学生对所学材料本身具有内在的兴趣。"兴趣是最好的老师,只有让中小学生对阅读产生兴趣,才能收到好的阅读效果。而利用童话的魔力来吸引中小学生的阅读眼球,不失为一种好的办法。

2. 掌握正确的阅读方法。

在正式读书之前同学们要先浏览一下,先看看标题、引言、结论和图表,将大问题分解成几个较小的、容易解决的小问题。阅读时,不断地提出问题,把难理解的地方记下来。读完后,不妨和朋友或者是爸爸妈妈去讨论讨论,提出自己的见解,这样就真正把一本书读懂了。

3. 营造良好的阅读氛围。

环境是影响人的习惯形成的一个重要因素。中小学生良好阅读习惯的养成,与家庭环境、学校环境都有着很大的联系。如果没有良好的家庭阅读环境和学校阅读环境,中小学生的良好阅读习惯的养成也就无从谈起。

4. 读适合读的书,正确选择自己的课外书。

在读什么书的问题上,开始时你可以多听听老师和父母的意见,相信他们一定会帮助你选择一些适合你阅读的好书。等到你养成每天读书的习惯时,你已经有很多阅读的经验了,这个时候,就可以根据自己的爱好和需要,自己决定阅读的书了。

著名文学家高尔基曾说:"读一本好书,就像和许多高尚的人谈话。"一本适合中小学生阅读,对我们有益处的好书,能够启迪我们的智慧,改变我们的观念,甚至影响我们的一生。所以,我们一定要选择正确的适合自己的课外书。

5.为自己制订合理的读书计划。

所谓"计划"就是未来行动的方案。读书计划就是未来读书的行动方案。相关专家指出:"我希望你们每个学期至少读10本书。这样,一年读20本,到小学毕业,读书在100本以上。如果每本书平均10万字,共1000万字,阅读量是语文教科书的三四十倍。"而到了初中阶段,学生学业负担相对较重,但每个学期至少可以读4本书(一个月1本)。一年两个学期8本书,加上两个假期读两本书,一年下来就是10本书。七、八年级两个学年就是20本书。以每本书平均20万字计算,也有400万字。要完成如此大的阅读量,就应该让中小学生制订一份适合自己的读书计划,确定一个明确可行的阅读目标,严格按照阅读时间表完成每一个时间段的阅读任务和目标。

计划的关键之处就在于能按计划行事,计划一旦制订就不要随意更改。把自己的读书计划写下来,贴在床头,这样可以随时提醒我们。也可以把完成计划的情况记到记事本上,抽一个固定的时间和朋友交流书中的内容,这样既可以促使自己多读书,读好书,又可以让自己看到自己的计划有没有得到执行,目标有没有达到,这样也会对我们的阅读起到促进作用。

6.充分利用自己的时间进行阅读。

有许多中小学生说:"我也是喜欢读书的,就是没时间。"确实,现在的中小学生课业负担很重,作业很多,很少有大块时间坐下来读课外书。但是,也不是完全没有读书的时间,只要你想读书,总会抽得出时间的。这就要求中小学生在阅读过程中合理安排自己的时间,这样对于提高阅读效率是很有好处的。同学们,我们可以根据自己的生物钟,安排适宜的时间阅读,杜绝浪费时间的现象。重要的是善于利用零碎的时间。日常生活中,每个人或多或少总有一些零碎的时间。白白浪费这些时间是非常可惜的。因为如果把这些时间连起来,积少成多,会是一个不小的时间段。

7.养成专心致志和持之以恒的读书习惯。

读书有什么"秘诀"吗?有,这个"秘诀"就是专心。阅读的成效来自于一定时间内"专一不二"。同学们,我们阅读成效不大的原因,通常并不是我们不努力,而是由于我们读书时不善于"专一不二"。

读书贵在有恒心。毛泽东在湖南第一师范学院求学时,曾经写了一副对联用来勉励自己:"贵有恒,何必三更起五更眠;最无益,只怕一日曝十日寒。"凡是通过读书有所收获的人，都有一个共同点，那就是他们都在读书上能够做到坚持不懈，也正因为如此，他们才会出类拔萃。

8.培养记读书笔记，勤查工具书的习惯。

著名作家、教育家叶圣陶说过，阅读时"想到了什么，不妨随时提笔把它记下来，这就是读书笔记。想的时候往往比较杂乱，比较肤泛；写下来就非有条理、切切实实不可了，所以读书笔记是督促自己认真阅读的一个好办法"。读书笔记指读书时为了把自己的读书心得记录下来或为了把文中的精彩部分整理出来而做的笔记。在阅读过程中，写读书笔记是训练阅读的好方法。英国思想家培根说："做笔记使知识准确。"许多中小学生课外阅读并不少，但阅读和写作能力并没有明显提高，原因之一就是他们在阅读时动口动眼不动手，不做摘抄，过而不留，因而许多优秀的课外读物如过眼烟云，收效甚微。可能有些中小学生会认为做读书笔记太浪费时间。同学们，养成做读书笔记的习惯，对于我们来说，具有多方面的好处。

生字和生词常常成为中小学生阅读的"拦路虎"。当遇到这些"拦路虎"时，就需要工具书——字典、词典来帮忙。字典是我们"无声的老师"。用好字典，是我们一生的财富。

同学们，相信你现在已经知道读什么书，怎样阅读了吧！

学习 3. 学会管理自己

管理能力,其实就是我们的成长能力,这是非智力因素的核心部分。如果我们从小养成自我管理能力,懂得自控,懂得忍耐,做事有条不紊、毫无疏漏;有很强的独立生活能力,能够管理好自己的情绪,并能推己及人、换位思考,体谅他人的喜怒哀乐……最终,我们就能成为一个有责任心的人,也会对自己的能力充满自信并感到自豪。

百汇园

[案例一]

班里的一位成绩较为优秀的女生接到一封求爱信,她很为难,既没有寻求家人的帮助,也没有求得老师的帮助,一段时间上课不专心,回答问题时老是走神。班主任老师和她谈话才知道其中的原因,一是不好意思,二是怕家人不信任,或者相信了会打那个男生。但自己又没有什么好的方法来摆脱这件事的困扰,因此影响了学习和成绩。

[案例二]

安强是一名中学生,从小就不能管理好自己的事。他的房间杂乱无章,书桌上更是几乎找不到可以摊开书、下笔写功课的地方。妈妈叫他整理整理,他也从不拒绝,但总是拖延搪塞。如果真的逃不过,他就一股脑儿将东西胡乱塞进抽屉、柜子里。升入中学后,功课加重,他这个自律不足的毛病,在学习方面表现得更加严重:他无法先做完功课再游戏,沉迷游戏中难以自拔、无法节制。为此,妈妈不得不跟前跟后,千叮嘱万催促,不厌其烦。其结果是,安强表现出对自己的事越来越漠然,学习这件事渐渐地成为了父母的事。

[案例三]

14岁的高占喜,一个青海农家子弟,因为一次电视活动策划,他和城市的一个富家少年互换了7天人生,节目打出的议题是:"7天之后,高占喜还愿意回到农村吗?"七成的观众都猜测,高占喜难以抵抗城市的诱惑,不愿意回去。谜底却提前揭晓了,当得知自己的父亲不慎扭伤脚的消息,他立即要求赶回家乡。"父亲的脚伤不是大事,难得来一次城里,为什么急着要走呢?"高占喜只说了一句:"我的麦子熟了。"回村之后,占喜仍然5点半钟去上学,啃小半个馍馍当午饭,学习之余割小麦挑水;仍是补丁长裤配布鞋,刻苦学习不改初衷。"只有不断学习,才能真正地走出大山,改变命运!"

[案例四]

刘进的父母都是工程师,他是家里的独苗,简直都快成了"小皇帝",从来都是说一不二。父母总是满足他的要求,真是"顶在头上怕摔了,含在口中怕化掉",娇生惯养,达到了不可思议的地步。可怜天下父母心!

眼看"小皇帝"一天天长大,上中学了,还让父母送去上学。这时候,父母才感到这样下去会把他宠坏,将来难以成材,急需改变一下爱的方式,他们决定从经济上严加限制抓起。

一天下午,"小皇帝"要买一个游戏机,父母没答应。第二天,他捂着肚子,要钱去吃冷饮,父母还是拒绝了他。再一天,他要玩遥控飞机,伸手去爸爸口袋里掏钱,被打了一巴掌……一连几件事,刘进由"小皇帝"

一下子成了"阶下囚",心里的委屈层层叠加,终于爆发了:趁父母不在,撬开大立橱,摸出 5 张"红票",到街上吃喝玩乐去了。

父母并没有觉察到这一切,有了"成功"的第一次,"小皇帝"胆子更大了,一个月不到,大立橱里一张 2000 元的活期存折全都被他"送"到市场上去了。父母终于发现了"秘密",连母亲也动手打了他。饱尝了皮肉之苦的"小皇帝",开始对父母疏远了,常常不回家吃饭,和一帮小哥们儿厮混在一起,并开始把手伸向了别人的腰包,最终走进了未成年犯管教所。

问津园

案例一中我们看到中小学生正处于心理和心智发展尚未成熟时期,面对纷纭复杂的社会,会产生不知所措的心理压力,如果得不到及时引导,就会养成一些不良习惯甚至是形成心理疾患,导致心理障碍。案例中的女生正处于青春期这一身心变化最为迅速而明显的时期,行为模式、自我意识、交往与情绪特点、人生观等都逐渐脱离了儿童的特征而成熟起来。这些迅速的变化,会使学生产生困扰、自卑、不安、焦虑等心理问题,甚至产生不良行为。这位女生就受到了求爱信的困扰,如果自己没有良好的自我管理能力,又不向父母、老师寻求帮助,就会影响她的学习成绩。

案例二告诉我们自我放任,并不是真正的自由。歌德说过,一个人只要宣称自己是自由的,就会同时感到他是受限制的;如果他敢于宣称自己是受限制的,他就会感到自己是自由的。这句话蕴含着这样一个道理:一个善于控制自己的人,他同时就会感到自己是自由的。所以,一个任性的人,其实是不自由的;而要想在学习和生活中从容自如,就不能过于放纵,必须首先学会拿起自我克制这个武器。

案例三是一个真实的故事,十分耐人寻味。"我的麦子熟了""只有不断学习,才能走出大山,改变命运"这两句朴素的语言就是高占喜反抗城市诱惑的内因。成功源于良好的自我管理能力,良好的自我管理能力就是成功的阶梯。一个人要想在事业上有所成就,就必须培养良好的自我管理能力。

很多小小的习惯看起来并不起眼,因此,很多人不屑去做。但有的人却做了,而且坚持不懈,那么最终他成功了。

案例四中,一些青少年因为不知法、不懂法犯下了罪行。但是,法律不会因为我们不懂法而不追究责任,不懂法并不能减轻我们的罪过。当受到了法律的制裁时才后悔当初不该不学法、不守法。对于我们来说,没有良好的自我管理能力,极有可能触犯法律,受到了处罚便再也无法挽回。

智慧园

著名教育家苏霍姆林斯基曾说:"实现自我教育,才是一种真正的教育。"学生实现自我管理是实现自我教育的重要手段,也是现代教育发展的一个重要趋势,是教育体制改革和加强学生德育工作的重要工作之一。那么,如何实现自我管理呢?

1.正确认识自己。

正确认识自己是实现自我管理的前提。自我管理得以进行的前提是唤醒主体意识和自我意识,能对自身的思想和行为表现有一个客观的清醒的认识,并能与社会规范、学校要求相对照,在自我评价和自我反省的基础上,调整或修改自己的行为方式,从而找到一个既符合社会前进又利于自身全面发展的途径和平衡点。

自我管理活动是一种主观的活动,它以管理主体的知识为出发点,将具有客观规律性的管理付诸实践,变为现实。主体意识能使我们按照社会、学校的教育意图规划自己的活动,提出自己的近期目标和长远目标,按照规划和目标控制自己的思想、行为,分析评价自己的行为表现,使其自身进行自我管理,对自我发展进行决策,实现真正人本主义的自我管理。

2.要培养自己的毅力。

控制自己的言行,做该做的事。可借助警句管束自己,如:"成功者与失败者只有一个重要的差别,那就是毅力。""坚韧是解决困难的钥匙,毅力是胜利成功的要诀。""成功需要很强的自律能力,顽强的毅力——坚持,坚持到底!""追求理想要奋战不懈,坚持到底有恒则成。""要成就大事业,必须从小事做起。""你的今天是你的昨天决定的,你的明天是你的今天决定的。"

3.多学习相关的法律知识。

由于年龄的关系,中小学生接受新事物的能力强,正是进行法制知识教育的适当起始时机。但是仅仅知法是不够的,做一个合格的公民要求我们必须守法,在法律的约束下规范自己的行为。同时,也只有从小养成学法、知法、守法的好习惯,长大后才能成为一名合格的以至优秀的公民。

4.远离不良习惯的诱惑。

吸烟是灾难的制造源,危险处处存在。吸烟就要用火柴、打火机,有的人吸烟后不考虑后果,大意地把没有熄灭的烟头扔掉,结果引燃了易燃物品,造成火灾,把家、办公室、厂房,甚至整个山林的树木都烧毁了,最终受到法律制裁。

饮酒容易阻碍正常生长发育,导致严重的营养不良;抵抗力下降,容易感染各种疾病;身高、体重、智力等明显落后于同龄青少年。

玩麻将赌博是一种古老的陋习,使人上瘾。俗话说"十赌九输",麻将桌上没有赢家,最终都是倾家荡产,走向不归之路。赌,使人沉迷,使人疯狂,使人丧失人性,使人失去理智……一些天真的赌徒,总有这样一种心理,赌一把大的,赢了就"收山";再赌一次,把输的钱赢回来。结果是越陷越深,最终赌红了眼睛,丧失了人性,家破人亡。

俗话说"近朱者赤,近墨者黑",在交朋友的问题上一定要慎重,不能交只讲哥们儿义气、道德败坏、品质不好、不思进取的朋友;要交品德好、有远大志向与抱负、讲真正友情的朋友;绝对不能与爱赌博的人交朋友,坚决与之划清界限,大家各走各的路。记住,好赌者,永远都把钱放在第一位,他们的眼里只有钱,而没有朋友。

同学们,所谓成功,就是我们要心存希望,要善于管理自己,要坚持,要有毅力,那么,成功早晚属于你。

学习 4. 养成节俭的习惯

节俭是美德,因为珍惜劳动就是尊重劳动者。节俭是积累财富的途径之一,因为节俭本身就是一个大财源。节俭是一种良好习惯,因为节俭是我们一生中食用不完的"美筵"。谁在平日节衣缩食,在穷困时就容易渡过难关;谁在富足时豪华奢侈,在穷困时就会死于饥寒。而奢侈的人,只是从他人的劳动中获得安乐而已。养成节俭的习惯,将使我们受益一生。

百汇园

[案例一]

翻开案卷,看到了小 A 的名字。他是一名中学生,今年才 14 岁,如果不出事,今年 9 月份他该上高中了。同学和老师都惋惜地说:都是高消费惹的祸。不知什么时候,校园里刮起一股"名牌热",爱慕虚荣的小 A 也被卷入其中。但家境一般的他无法从家中拿到更多的钱来满足日益膨胀的虚荣心。于是他选择了偷,先是偷家里的钱去买,被父母发现暴打了一顿。后来去外面偷,终于有一次,在偷一部手机时被当场逮住。

[案例二]

这是一个真实的故事:北京市一对年轻的父母带着刚上中学的女儿去逛街。在一个繁华的路口,有一位老爷爷正在卖《北京晚报》。父亲从口袋里掏出 5 元钱交给女儿,让她去买 10 份晚报。孩子买回晚报,父母跟她商量,让她按原价把晚报卖出去,看看要花多少时间才能卖完这 10

份晚报。孩子在父母的帮助下费了几个小时才把 10 份晚报卖出去。然后,父母让孩子去问卖报的老爷爷,卖出一份报纸能赚多少钱。孩子从老爷爷那里知道卖一份报纸只能赚几分钱。她算了一笔账,花了这么长时间才挣了几毛钱。孩子一下子领悟了父母的良苦用心,她主动对父母说:"爸爸、妈妈,我以后再也不随便花钱了,挣钱太不容易了!"

[案例三]

文梅 7 岁那年,南栾小学给她送来了入学通知书。正当她沉浸在欢乐之中时,突然传来了父亲遭车祸去世的噩耗。文梅的爷爷经受不住这样沉重的打击病倒了,奶奶哭瞎了眼睛。不久后,妈妈也离家出走了。

不幸并没有使文梅屈服,她毅然挑起了家务的重担。挑水、做饭、洗衣、照顾年幼的弟弟、服侍年迈多病的爷爷和奶奶,家里的责任田她也全包了。

常年的艰苦生活使文梅养成了艰苦朴素、勤俭节约的好习惯。作业本用完了,就用封面,字写得密密麻麻,不留一点空白。别人扔掉不用的练习本,她捡起来说:"没用完就扔了,多可惜!"就放进书包里继续用。铅笔用得捏不住了,就用废纸卷上一个长长的尾巴继续使用。

2011 年春节,爷爷拿出家里仅有的一点钱给文梅,让她给自己和弟弟添件新衣服。姐弟俩可高兴啦!因为他们已经许多年没有穿过新衣服了。

那天晚上,文梅躺在床上翻来覆去睡不着觉。她想:新衣服只是穿在身上漂亮,自己现在还小,最需要的还是学习各种文化知识,如果用这些钱去买书,那该多好啊!

第二天一早,她便拉着弟弟的手对弟弟说:"雷锋叔叔一生艰苦朴素,衣服补了又补,而将自己省吃俭用的钱全部寄给灾区人民。我们也应该像雷锋叔叔那样,从小养成艰苦朴素的好习惯啊!"弟弟十分懂事地点了点头说:"姐姐,你说怎么办吧?"文梅把自己的想法告诉了弟弟,姐弟俩用买衣服的钱,高高兴兴地从书店捧回了许多课外读物。

几年以后,文梅从一个不懂事的孩子成长为一名德才兼备的优秀少年。

问津园

案例一让我们看到在校园攀比风气的影响下,许多学生认为穿、用名牌是跟得上时代的标志,是值得骄傲的,保持俭朴则是贫穷落后的表现。可是要知道,我们现在还只是学生,没有工作,没有经济收入,花的完全是父母的血汗钱。父母辛辛苦苦地供我们读书,是希望我们全心求学,努力实现自己的人生目标。如果我们一味地追求名牌,追求享受,这既不利于我们优良品质的形成,让人变得虚荣,同时也难免会牵扯精力,消磨意志,不能全身心地投入到学习中去,辜负了父母的期望。像同学小 A 在追求名牌的时候就迷失了自我,以致误入歧途。

案例二中的小姑娘从赚钱的不易看到了节俭的重要性。同学们,我们应该记住爱默生的一句名言:"节俭是一生用不尽的美德。"而现实生活中,有些同学把吃不完的饭菜随意倒掉,把不喜欢的衣服冷落在一旁,你以为这就能显示你的富有吗? 错了,这恰恰反映出灵魂的丑陋。相反,节俭却能反映出一个人高尚的道德品质。

节俭犹如我们一生食之不尽的美筵。那些平日保持节衣缩食的人们,当穷困突然袭来的时候就更加容易安然渡过难关;相反,那些在经济富足时便大肆挥霍、过着奢侈生活的人们,当穷困悄然来袭时只会惨死于饥寒交迫之中。只因为一个人从节俭变得奢侈十分容易,而从奢侈转为节俭则异常困难。

案例三中的文梅在困难面前没有屈服,而且小小年纪就懂得勤俭持家的道理。年小聪慧的她用买衣服的钱去买回许多课外读物,丰富了自己和弟弟的精神生活。

有道是:学问勤中得,富裕俭中来。从某种意义上说,"富"是"节"出来的。看了文梅同学的事迹,我们可能有许多不好的习惯要改,比如:懒惰、贪欲、好讲排场、追求豪华等。如果我们不改正铺张浪费的习惯,要想取得成就也难。因为铺张浪费的习惯一旦养成,懒惰散漫的习惯必将滋生。

智慧园

同学们,勤俭节约是中华民族的传统美德。我们现在生活好了,许多家庭也很富裕,可能有些同学会说:"这个习惯有什么好,现在,我们还用勤俭节约吗? 我家有的是钱,想要什么就有什么,想丢什么就丢什么,何必节约呢?"这样说,就大错特错了。

大家都知道伟大的领袖毛主席吧,他是一个做事严肃认真、生活勤俭节约的人。一天,毛主席来到了他女儿李讷家做客。李讷满心欢喜地请爸爸吃饭。在吃饭时,毛主席有时夹菜给李讷,李讷也给毛主席夹菜。这时,毛主席还有一点饭没有吃完,他就用手指将饭粒扒进嘴里。毛主席真是节俭啊,李讷看到这情景,深受感动,也学着爸爸那样用手指把饭扒进嘴里。毛主席看到李讷这样做,心中暗暗欣慰:这孩子真懂事。

看了这个故事,大家是不是感触很深呢?毛主席作为一个国家的主席,几颗饭粒都舍不得扔掉,这是多么令人敬佩啊!的确,现在我们多数同学家里都富裕了,可大家知道这一切来得多么不容易吗?大家了解父辈甚至是祖父辈们创业的艰辛吗?如果我们现在不懂得勤俭节约,那么有多少财富都是可以被挥霍掉的。古人云:地力之生物有大数,人力之成物有大限,取之有度,用之有节,则常足;取之无度,用之无节,则常不足。这句话正验证了勤俭节约的好处。大自然所产生出来的东西或人的力量生产出来的东西都有许多,只要我们节约,就会常常足够。但如果我们不节约,就会常常不够用。所以,养成勤俭节约的好习惯是可以让人终身受益的。

怎样才能做到节俭呢?

1. 从自己身边的小事做起。

(1)蔬菜先用淘米水洗一遍,再用清水漂洗,不仅节约水,而且能有效清除蔬菜上的残存农药;

(2)家庭浇花,宜用淘米水、茶水等;

(3)将卫生间里水箱的浮球向下调整 2 厘米,每次冲洗可节水近 3 升,超过 9 升的大水箱,放置一只充满 2~3 升水的塑料瓶,一年可节约水 10 立方米;

(4)水龙头使用时间长了,会有漏水现象,用小药瓶塑料盖内的橡胶圈剪一个与原来一样的垫圈放进去,可以滴水不漏。

同学们,哪怕是一滴水、一粒米、一毛钱,汇集起来也将是一个巨大的数字。如果一个水龙头每秒钟滴 2 滴水,那么一年就会漏掉 106144 毫升的水。也许有人认为,水资源是无穷无尽的。错了,同学们,我们应该知道在我国有许多地区是十分缺水的,如果长时间浪费下去,在不久的将来就会出现水危机。别以为这是耸人听闻,近年来,黄河、淮河频频断流就是很明显的例证。

粮食是劳动人民用血汗换来的,应当珍惜,然而当我们走进学校,走上街头,映入眼帘的是地上白花花的米饭和馒头,更可恨的是在某校还曾发生过用馒头打仗的故事! 作为中小学生的我们应该明白"一粥一饭,当思来之不易;半丝半缕,恒念物力维艰"的道理呀!

节俭并不是一件很困难的事情,只要我们从身边做起,从小事做起,就能养成良好的行为习惯。

2. 树立适当的消费观念。

作为学生,我们应该有正确的服饰观念,使自己的形象更加符合一名学生。学生都是消费者,应当树立勤俭、节约、朴素的作风,不能增加家长的负担。

一些学生攀比成风,消费超前,中小学生中追求名牌、穿名牌、吃名牌、用名牌不乏少数,逢生日或受到表扬就要邀几个同学庆贺的也大有人在。他们以用名牌高档手机等电子产品为荣;他们对身边的小事无动于衷,没有一点节约的意识;空空的教室里灯全开着,无人使用的自来水龙头自来水哗哗流淌都不能引起他们的注意……

同学们,不要盲目攀比,要正确地认识自己也要正确地看待别人,不要受表面现象影响;遇到事情首先要仔细思考,不要盲目地跟着感觉走或者随大流；看问题要站得高看得远。

3. 了解一些理财知识，养成储蓄的习惯。

同学们，你们有一个储蓄罐吗？不仅是储蓄罐，我们还可以把自己的零花钱存入银行，给自己开设一个账户。银行并不是要"拿走"我们的钱，而是把我们的钱安全地保管起来，并且还会给我们支付利息。在银行以自己的名义开一个账户，自己拿着存折，如何使用由我们自己负责，这种做法可以帮助我们养成终生储蓄的好习惯。

4. 了解家里的经济状况，抵制不利于健康的消费。

我们没有必要知道家庭预算的每一个细节，然而，如果对家中的经济状况一无所知的话，我们又怎么会乐意接受家长在花钱方面对我们做出的限制呢？

如果我们不知道家长是如何靠辛勤工作给家里挣钱的话，那么，我们就不会把金钱与工作紧密地联系起来。

同学们，让我们共同努力，养成节俭的行为习惯吧！

学习 5. 养成乐于助人的习惯

乐于助人是一种朴实的中国传统美德。在自我意识日渐强化的今天，强调乐于助人更有着强烈的时代意义。树立乐于助人的决心，是乐于奉献的精神体现。

百汇园

[案例一]

上初三年级的丽媛从小就非常有爱心，妈妈经常鼓励她去帮助他人。

有一次，丽媛跟妈妈一起上街去买东西。在过马路的时候，丽媛看见一位行动不便的老爷爷，她看了看妈妈，妈妈正用鼓励的眼光望着她。于是，丽媛主动走上前去，扶着老爷爷走过了马路。

走到马路对面后，老爷爷十分感谢丽媛，夸她是个有爱心的好孩子。这时，走在后面的妈妈对丽媛说："丽媛，你注意了没有？旁边的叔叔都微笑地看着你，后边的阿姨向你投来赞许的目光呢！"

果然，丽媛朝旁边一看，好多叔叔阿姨都微笑地看着她。小丽媛高兴地回答道："老爷爷过马路时会很困难，我们每个人都应该帮助老爷爷过马路，是吧，妈妈？"

妈妈微笑地点点头。

[案例二]

高一年级两名学生骑电动车回家，就在育才路和朝阳路交会处，两名学生骑电动车通过后,一位骑三轮车前行的老人突然急拐,马上就摔倒了。两名学生立即下车扶起老人并送往医院,老人的家属闻讯后误认为是被两位学生撞倒,曾到学校找学生麻烦。后来两位学生家长通过交警调看录像,证实老人摔倒在先,学生停车扶人在后,并在第二天与老人家属一起看了录像,证实两名学生是助人为乐。

[案例三]

7名中学生在南京公交车上"集体不让座",任由一个白发苍苍的老大爷站在身边。这组照片与另外一篇"老人给孕妇让座,学生无动于衷"的帖子,受到近2万名网友关注。

学生的回答:"我们比他们这些老人累多了!""我不是不想让,我有时太累了!每天学习到大半夜,早晨五点就起来。你们来拎一拎我们背的书包,有一二十斤!两手空空什么都不拎的老人,早晨锻炼的时候,劲头比谁都大,我为什么要给他让座?"

问津园

案例一中的丽媛因为自己的爱心而赢得了大家赞许的目光。

同学们,我们生活在一个需要爱心、需要和谐的社会中,所以,对于一名学生的个性发展而言,没有什么能比爱和善良更重要的了,这是我们将来走向社会的基础和前提。爱心是人的非常重要的素质,它是人性的基础。一个没有爱心的人,就是一个冷漠的人,一个与社会脱节的人。

古今中外,爱心被认为是一个人的基本道德和社会的灵魂。孔子说"爱人",孟子讲"王道",都以爱为核心。德国哲学家费尔巴哈说:"新哲学建立在爱的真理上、感觉的真理上。""爱是存在的标准——真理和现实的标准,客观上如此,主观上也是如此。没有爱,也就没有真理。"由此,他建立了以爱为基础的新哲学。

案例二中的两名高中生并没有怕招惹麻烦而拒绝搭救那位素不相识的老人。现在有许多人并不是不想去助人,而是担心助人后招惹到是非,而在犹豫去不去助人。

同学们,我们自己在碰到困难时,渴望获得帮助,渴望能有人雪中送炭,以解自己燃眉之急。这是人之常情。那么换一个角度,当别人碰到麻烦时,不也同样焦虑、渴望吗?为什么我们不能伸出手去帮他一把,而要静静走开呢?试想,他人碰到了麻烦,我们走开了,他必定在解决麻烦的路上多走一些路;集体碰到了麻烦,我们走开了,那必定会让集体利益受到一定损失;假如,国家碰到麻烦了,我们也走开了,那么国家安危、民族前途将被毁掉,历史上曾有多少在民族危难时走开的人,是他们使中华民族遭受更多的灾难,这教训还不大吗?

案例三中当让座的问题超越道德层面,而成为一个社会问题的时候,我们应该有更多的思考,理性地分析问题,动不动就上纲上线地说"现在的学生素质不高,90后缺乏教育"是愚昧无知的、鲁莽草率的。针对具体问题,我们应该深层次剖析它的缘由,而不是动不动就扣上帽子,横加指责。我们且深深思考一下这"7名中学生集体不让座"背后的问题吧。

智慧园

在日常生活中,我们要学会处处帮助别人,助人是一种美德,助人要从日常小事做起,不因善小而不为,社会主义和谐社会的建设需要助人为乐的精神。助人是人格升华的标志。

那么,我们该怎样培养自己助人为乐的良好品质呢?

1. 以帮助他人为荣耀。

同学们,在学习上帮助同学就等于帮助自己。同学碰到的难点,往往也是自己容易疏忽的地方,为同学讲解清楚了,自己也可以加深印象。至于对那些成绩不是太好的同学,更需要花费一些心思。这样认真地讲解,比自己的系统复习效果还要好,甚至连自己遗漏的重点,也会在同学的疑问中被加深认识。

2. 主动地表达自己的关爱。

学会用实际行动表达出对别人的同情、体贴和关爱,我们的世界就会变得更加绚丽多彩。

关心和被关心是人类的基本需要。我们需要被他人关心,也乐于接受别人的关心,渴望生活在关心所营造的一种氛围之中。没有这种关心,我们就无法生存下去,成为一个完整的人。在人生的每一个阶段,我们都需要被他人关心,随时需要被理解、被接受、被认同。

同样,我们也需要关心他人。但并非所有人都懂得如何关心他人。有些人真诚地关心知识,关心伟大的事业,关心物质世界,关心动植物,却对周围的人缺乏同情。也有些人精神贫乏,对任何人和事物都漠然视之,在漫无目的的人生里没有关心,也没有信仰。当然,还有一些人扭曲了"关心"的概念,以关心的名义做危害他人的事情。这样的人也是危险的。

3. 学会接受与付出。

爱心不能只停留在口头上。我们身边每天都接触很多大人和小朋友,只要有心,爱就能表达。给人一个真心的微笑、一句问候,搭上一把手,扶别人一把都是爱心的表达。

另外,我们还应该明白:帮助别人,其实就是在帮助自己。关心他人,竭尽全力去帮助别人,会使人变得慷慨;关心别人的痛苦和不幸,设法帮助别人减轻或消除痛苦和不幸,会使人变得高尚;时常为他人着想,会丰富自己的生活,增加自己的涵养。

爱的性质并不像一般人所认为的那样仅仅是一种感情,而是一种积极的人生态度,是人生发展的需要,是一种忘我的、不求回报的奉献行为。这种态度与行为习惯并非天生就有,而是需要在成长过程中有意识地学习、培养与训练。

我们学生都是未成年人,在生活和学习中大多要受到关心和帮助,但这并不意味着我们应该对那些更弱势、更困难的人闭上眼睛、袖手旁观。许多同学把自己的零花钱积攒起来,捐献给慈善事业;城市里的同学与山区的贫穷孩子结成互帮对象,并把自己一些多余的书籍、文具乃至衣物赠给对方,这都是有爱心的表现。如果每个人都主动关心身边的弱者,那么减少一个弱者,学校就减少一份困扰,家长就减少一份忧愁,社会就多一份稳定,中华民族就多一份希望。可见,我们充满爱心的小小举动,能带给社会多么大的贡献!

学生的关爱之心并非一朝一夕得来的,必须靠平日悉心训练,才能培养出来。那么,有什么好办法可以培养我们的爱心呢?

(1)电视、报纸等传媒常有一些节目或专栏报道有关残疾人或伤病人的生活状况,并探讨他们的内心世界,这些都是非常有意义的节目及文章,应注意这类节目,了解残疾人士的痛苦,也要更珍惜自己拥有的一切。

(2)在家里饲养一些小动物,可以在日常对动物的照顾中培养同情心。

(3)人必须有被爱的经验,才懂得把爱和别人分享,并去爱别人。你充分享受了父母的关怀及爱心,身心得到平衡发展及成长,就能懂得关怀及体谅别人。

(4)多参与社区活动,服务社会团体,多帮助社会上需要帮助的人群,了解另一种生活圈子内的朋友,学会了解及关怀别人。例如参加义务服务,参观孤儿院、康复医院等,都可以使我们对有困难的人作进一步了解。

4. 理解善良的真正含义。

善良是一种美德,它能帮助我们关心别人的利益和感情。养成了这种美德,我们将更加体恤他人,懂得和气待人是自己该做的事,将更多地考虑别人的需要,关心他人,主动帮助有困难的人。如果一个人不善良,那么他的聪明、勇敢、坚强等品质对社会来说将构成一种危险。教育家苏霍姆林斯基说:"一个人应该在童年就上完情感的学校——进行善良教育的学校。"

但是,现实生活中有些学生,认为善良会让我们成为弱小的人,会被人欺负,于是,善良被忽视了,取而代之的是在生活中更多地关注竭力为自己争取利益的各种方法和技巧。但是为什么生活中还是有那么多的不善的行为让我们难过呢?原因是每个人都学会了以善待善、以恶待恶，你不善良，得到的必然也是不善的待遇。只有你付出了善良，才能得到更多的友情、尊重、理解……才能更自信地生活。那么怎样才能把善良植入自己的心中呢？

首先，我们要理解善良的意义和价值。明白善良的意义是很重要的。善良意味着你关怀其他的人。善良的人考虑别人的感情，而不仅仅考虑自己的感情，他们帮助有需要的人，他们为人平和、待人真诚。善良的人从不贪图回报。他们善待别人，因为他们希望帮助别人生活得更好。这是一个你应该永远拥有的美德。

有时候，父母是很自然地做出善良的行为，我们可能并没有注意到，所以要有意地注意父母的这些行为。其实这类善行父母每天都在做：照看朋友的小孩、给情绪不佳的朋友打个电话、捡垃圾、指路、向某人问好、照顾家人起居等。

在现实生活中，有人只顾一时的口舌之快，有意无意地对他人造成了伤害。有时一句侮辱性的话语完全可能把深厚的友情葬送。有许多语言伤害原本可以避免，只要我们学会礼让——尤其是那些觉得礼让等于懦弱的人更应该学会礼让。

在明确自己的不善良行为给别人造成伤害以后，我们要学会采取弥补措施来对自己的残忍行为负责任。我们还应明白，一旦对人不善良，做出的行动是无法收回的，但是，还是可能通过弥补来减轻伤害。关键在于我们一定要及时采取有效行动或措施。

当认识到自己的错误行为的后果，并找到改正的方法时，就等于找到了善良的指针。

善良意味着对别人的利益和感情表示关心。那些已经获得这种基本美德的学生有个共同的特点:他们受到深藏在内心的道德指南针的指导,指南针告诉他们虐待别人是要受到惩罚的,或者会丧失社会的认可。内心热情的孩子和善,是因为他们关心别人的利益和感情,他们正是我们这个世界最需要的那种人。有一件事情是肯定的:想当然地认为我们在一个充斥着悲观、欺骗的世界里是不可能成为内心热情的、富有同情心的人的。这种想法是错误的。相反的是,我们必须有意识地努力,通过使用最有效的方法来取代负面的信息,以增加富有同情心的、乐于助人的以及善待他人的行为。

5. 在日常生活中培养自己的善良之心。

有的同学看到一个小动物,比如一只蚂蚁,他们就会像狮子一样冲上去,一脚踏上去,将蚂蚁碾成齑粉。他们所表现出来的这种残忍行为,与他们认知能力和道德观念薄弱显然是很密切的。因此,小学生必须培养善良的情感,压抑本能的攻击性行为发生。

充满敌意的攻击性往往发生在不相识的对象身上。因此,压抑攻击性的有效手段之一就是增强认识能力和扩大认识范围。因此应经常到动物园、自然博物馆、水上世界去参观动物,或饲养小动物,从而懂得动物是人类的朋友,这样就可以有效地减少对小动物的残忍行为。

我们也可以在日常生活中,学会对残疾人产生同情心。这是制止欺侮残疾人的有效手段。比如在家里蒙上眼睛模仿盲人行走,体会盲人的痛苦,从而产生对他们的同情心。

孟子说:"恻隐之心,仁之端也。"培养同情心,克服残忍行为,是培养良好品质和善良情感的起点。

怎样学会善良,并拥有一颗善良的心呢?

首先,父母是孩子最好的老师。父母做了善事之后,不要视而不见,要有意模仿。虽然父母可能并没有通过言语教我们行善,但他们的行为是对我们最好的暗示。

其次,要花些时间给各种美德下定义。你可以这样认为:"做些小事也能使世界更美好。"考虑制作一幅标语,上面列举家人会相互做的好事,把它挂起来,以起到经常提醒的作用。

最后,要明白什么是善行。无论什么时候,在人多的地方都可以做这个活动:商店、飞机场、购物中心或学校操场。这个活动的目的是寻找对别人善良的人,即睁大眼睛去看善良的人会做些什么来表示对别人的关怀和爱护,然后再去观察受到关怀的人的反应。许多教师布置作业,要我们在当天随便什么时候去"观察善良",然后把观察到的事情向同学们汇报。教师们这样做是为了增强学生们友好的行为,因为如此一来,我们就有机会真正看到善良的人的言行,以及这种美德对别人产生的效果。

学习 6. 时间是一分一秒挤出来的

同学们,让我们先来猜个谜语吧:

世界上哪样东西是最长的又是最短的,是最快的又是最慢的,是最能分割的又是最广大的,是最不受重视的又是最值得惋惜的? 没有它,什么事情都做不成,它使一切腐朽的东西归于消亡,使一切伟大的东西生命不绝。

这个谜语是法国思想家伏尔泰提出的。相信大家都已经猜出来了,对,谜底就是时间!

伏尔泰是这样解释的:"最长的莫过于时间,因为它永无穷尽;最短的也莫过于时间,因为我们所有的计划都来不及完成。对于等待的人,时间是最慢的;对于作乐的人,时间是最快的。它可以扩展到无穷大,也可以分割成无穷小。当时谁都不加重视,过后谁都表示惋惜;没有它,什么事都做不成。不值得后世纪念的事物,它都令人忘却;伟大的,它都使它们永垂不朽。"

百汇园

[案例一]

小西每天早上上学几乎都要迟到,因为他起来后要做很多事情。事情如下:

刷牙、洗脸 5 分钟;烧开水 10 分钟;整理书包 10 分钟;吃饭 15 分钟;听英语磁带 10 分钟;一共要花 50 分钟。

［案例二］

　　小东近日非常烦恼,因为他这次期中考试有3门功课"大红灯笼高高挂"。尤其是英语,单词老记不住。

　　每天晚上做功课时,碰到难题,小东就留着第二天再说。单词记不住也是如此。现在面对成绩单,他很烦恼。

［案例三］

　　爱迪生一生只上过三个月的小学,他的学问是靠母亲的教导和自修得来的。他的成功,应该归功于母亲自小对他的谅解与耐心的教导,才使原来被人认为是低能儿的爱迪生,长大后成为举世闻名的"发明大王"。爱迪生从小就对很多事物感到好奇,而且喜欢亲自去试验一下,直到明白了其中的道理为止。长大以后,他就根据自己这方面的兴趣,一心一意做研究和发明的工作。他在新泽西州建立了一个实验室,一生共发明了电灯、电报机、留声机、电影机、压碎机等等总计 2000 余种东西。爱迪生的强烈研究精神,使他对改进人类的生活方式,做出了重大的贡献。

　　"浪费,最大的浪费莫过于浪费时间了。"爱迪生常对助手说,"人生太短暂了,要多想办法,用极少的时间办更多的事情。"

　　一天,爱迪生在实验室里工作,他递给助手一个没上灯口的空玻璃灯泡,说:"你量量灯泡的容量。"他又低头工作了。过了好半天,他问:"容量多少?"他没听见回答,转头看见助手拿着软尺在测量灯泡的周长、斜度,并拿了测得的数字伏在桌上计算。他说:"时间,时间,怎么费那么多的时间呢?"爱迪生走过来,拿起那个空灯泡,向里面斟满了水,交给助手,说:"里面的水倒在量杯里,马上告诉我它的容量。"助手立刻读出了数字。爱迪生说:"这是多么容易的测量方法啊,它又准确,又节省时间,你怎么想不到呢?还去算,那岂不是白白地浪费时间吗?"助手的脸红了。爱迪生喃喃地说:"人生太短暂了,太短暂了,要节省时间,多做事情啊!"

问津园

案例一中的小西之所以每天早上几乎都要迟到是因为她没有合理地利用时间,不懂得充分利用每一分钟。让我们一起来看这样一个故事:

1914年的一天,有一位朋友从柏林来看望爱因斯坦。这天,正好下着小雨,在前往爱因斯坦家的路上,朋友看到一个朦胧的人影在桥上踱步。这个人来回走着,时而低头沉思,时而掏出笔在一个小本上写着什么东西。朋友走近一看,原来是爱因斯坦。

"原来是您呀,您在这儿干什么呢?"朋友高兴地问道。

"哦,我在等一个学生,他说考完试就来。但是,他迟迟没来,一定是考试把他难住了。"爱因斯坦说。

"这不是浪费您的时间吗?"朋友愤愤不平地说道。

"哦,不,我正在想一个问题。事实上,我已经想出了解决问题的办法。"说着,爱因斯坦就把小本子放进了口袋里。

爱因斯坦多会利用时间呀!他边等人边思考,两件事都做了。其实,许多事情都是可以同时进行的。比如妈妈边开着洗衣机洗衣服边收拾屋子,同时做了两件事,这就提高了时间的利用率。这种安排时间的方法叫作统筹时间法。

你是否能用统筹时间法为小西安排一下她每天早上要做的事情呢？

案例二中的小东总是把事情留到第二天。但是时间的价值小东却没有计算过。

时间是最宝贵的，一定不要浪费时间；时间是永不停留的，我们要及时抓住时间；时间是神圣的，不要故意浪费时间，否则的话会受到时间的惩罚。所以面对成绩单的小东更多地应考虑自己的单词为什么记不住。

如果不回过头检查检查时间用在哪里了，是不清楚时间的使用状况的，也不知道时间是不是浪费了。所以我们还要学会自己检查时间的运用状况。

案例三中的爱迪生让我们知道时间是"生命的单位"，有些人往往利用相同的时间比别人多做许多事情。美国的大发明家爱迪生一生忘我工作，成了有 2000 多项发明的发明大王。当他在 79 岁生日时自豪地宣布："按常人的工作量计算，我已经 135 岁了。"

"一寸光阴一寸金，寸金难买寸光阴"的道理人人都懂，可为什么还有人虚掷光阴、荒废生命。现在许多青年人，找不到工作，就天天在外面喝酒寻乐，或是待在家里无所事事，明明已经成年，还是给父母增加了许多负担，这些人一不小心就掉进了犯罪的深渊，成为社会的"危险人群"。这些人往往有一种"明天再说"的想法，认为自己现在还年轻，先尽情享乐，过几年再考虑工作。最终"明日复明日，万事成蹉跎"。一个"今天"值两个"明天"，当日事当日做，把什么事都放到明天的人，最终什么事都干不成。

智慧园

时间对于我们每个人来说都是公平的。时间并不会因为某人的富有而多给他,也不会因为某人的贫穷而少给他。虽然有的人生命较长,有的人生命较短,但在这青春的时光里,我们每个人都是平等的。如果你说时间它会偏袒他人,那你可就大错特错了。其实,关键在于你如何来把握时间。

那么我们该如何珍惜时间呢?

1. 要树立时间观念。

古今中外,凡是有作为的人,一定都是懂得珍惜时间的人,时间观念的主要表现就是当日事当日毕。

我们要从小养成一种良好的习惯,完成每日定额,绝不拖延,永远不把今天的事拖到明天完成,只能把明天的工作今天提前完成。

抓住今天的一天,等于抓住明天的两天。

2. 科学地安排时间。

俄国伟大作家托尔斯泰说过:"要有生活目标,一辈子的目标,一段时间的目标,一个阶段的目标,一年的目标,一个星期的目标,一天的目标,一小时的目标,一分钟的目标……"我们要学会制订时间计划,小到每天的安排,大到一生的安排,只要切实可行,持之以恒,就会有意想不到的收获。

3. 提高平时学习效率。

有的同学虽然也懂得珍惜时间的意义,但做事总是拖拖拉拉,做作业也总是边做边玩,别人一个小时能做完,他却要做两个小时,而且由于不专心,花费的时间虽多,效果却不好。同学们,从今天起,让我们养成雷厉风行的作风,提高学习效率,好不好?

4.善于利用零星时间。

鲁迅先生说过,时间就像海绵里的水,只要愿挤,总还是有的。大段时间固然应该珍惜,零星时间也绝不能白白浪费。比如十分八分的时间可以用来背诗词、背单词,还可以边做家务边听外语。

5.发现自己的高效时间。

人体也像潮汐一样,有自己的生物钟规律,一天之中的不同时间的学习效率是大不相同的。但高效时间也因人而异,我们要细心揣摩,找准自己的高效时间。例如有的人学习效率最高的时间是早5点到早8点,而有的人喜欢晚上学习。

同学们,虚掷光阴,在折损生命的光;及时努力,在开辟思想的路。请不要沉湎昨天,不要观望明天,一切从今天开始吧! 今天才是奋斗的起点啊!

第三章　思维让你变得与众不同

学习 1. 用眼睛去发现

一个会用眼睛去发现的人能从一般人认为是司空见惯的事情中发现奇迹。一个不会用眼睛去发现的人即使进入宝山,也可能空手而返。火炉上的水壶盖被水蒸气掀开是人们十分熟悉的现象,但瓦特却由此工业蒸汽机。虽然这些伟大的发明并不是这么简单,但是观察力强的确是科学家成功的重要因素。正如国外一位科学家说:"一个观察力强的人步行两千米所看到的事物,比一个粗枝大叶、走马观花的人乘火车旅行 2000 千米所看到的东西要多。"

百汇园

[案例一]

日本著名画家冈山应举画的那幅写生画《马食草图》,形象逼真,呼之欲出,被很多名家大师誉为"神笔"。但一位日本农民看后不大以为然,指出画上吃草的马是瞎马。画家当然不服,说画上的马明明睁着眼睛嘛。农民告诉他:正因如此,才是瞎马。因为马吃草时怕眼睛被草叶刺伤,都闭上眼睛。画家这才恍然大悟。

[案例二]

有谁注意过孔雀上土堆时先迈哪只脚？擅长绘画的宋徽宗赵佶就注意了。一天，宣和殿前栽的荔枝成熟了，孔雀争着啄食掉落的果实。赵佶立即宣旨：宣画家前来图写。图画院里的画师画出了一幅幅生动、富丽的孔雀荔枝图。赵佶一张张审阅，看完后说："画得不错，可惜把细节都画错了。""错了？"画师们你看我我看你，脸上露出惊疑的神色。"孔雀上土堆是先举左脚的。"画师们反复观察，果然像赵佶所说的，个个闹了个大红脸……

[案例三]

1774 年 8 月，英国科学家普利斯特里在用聚光透镜加热氧化汞时得到了氧气，他发现物质在这种气体里燃烧比在空气中更强烈，由于墨守原来的燃素说，他称这种气体为"脱去燃素的空气"。1774 年，法国著名的化学家拉瓦锡正在研究磷、硫以及一些金属燃烧后质量会增加而空气减少的问题，大量的实验事实使他对燃素理论产生了极大怀疑。正在这时，普利斯特里来到巴黎，把他的实验情况告诉了拉瓦锡，拉瓦锡立刻意识到他的英国同事的实验的重要性。他马上重复了普利斯特里的实验，果真得到了一种支持燃烧的气体，他确定这种气体是一种新的元素。1775 年 4 月拉瓦锡向法国巴黎科学院提出报告——金属在燃烧时与之相化合并增加其重量的物质的性质——公布了氧的发现。实际上，在普利斯特里发现氧气之前，瑞典化学家舍勒也曾独立地发现了氧气，但他把这种气体称为"火空气"。氧的发现过程正如恩格斯在《资本论》第二卷序言中所说的："普利斯特里和舍勒已经找出了氧气，但不知道他们找到的是什么。他们不免为现有燃素范畴所束缚。这种本来可以推翻全部燃素观点并使化学发生革命的元素,没有在他们手中结下果实。……(拉瓦锡)仍不失为氧气的真正发现者,因为其他两位不过找出了氧气,但一点儿也不知道他们自己找出了什么。"

问津园

案例一中的画家冈山应举的马虽然画得形象逼真,但因为对细节观察的欠缺被指为画的是瞎马。

案例二这则逸事,赵佶之所以能一语点破画师们的破绽,指出"孔雀上土堆是先举左脚的",是与他平素的观察研究分不开的。同学们都知道辩证唯物主义告诉我们:想、办事情要从实际出发,如实地反映实际情况,使主观与客观符合,要深入调查研究,掌握实际材料,反对主观主义。调查研究是坚持一切从实际出发、防止主观主义的最有效的工作方法。倘若我们做事不进行调查研究,只是凭自己的主观想象出发,即使再高明的画家也免不了将"细节"画错。

案例三让我们看到观察要遵循客观性原则,对客观存在的现象应如实观察。如果观察失真,便不能得到真实可靠的结论。但是,说观察要遵循客观性原则,并不是说在观察时应当不带有任何理论观点。理论总是不同程度地渗透在观察之中。提出观察要客观,是要求用正确的理论来观察事物,以免产生主观主义。理论对观察的渗透,说明了主体在观察中的能动作用。氧的发现过程生动地体现了理论对观察的作用。

智慧园

伟大的物理学家牛顿,从孩提时代起就喜欢对各种事物进行仔细观察,力图透过现象看本质,把不懂的地方彻底弄明白。有一次,他在狂风中冲出门外,一会儿顺风前进,一会儿逆风行走,目的就是要实地观察顺风与逆风的速度差。

伟大的生物学家、进化论的创始人达尔文从小热衷于观察动植物,他曾注意过花的不同颜色,并试图用不同颜色的水去浇灌花以求开出不同的花朵;他曾到南美洲观察那里的动植物的生长习惯,经过数年的积累和20年的观察日记,他终于完成了《物种起源》。达尔文说:"我既没有突出的理解力,也没有过人的机警,只是在觉察那些稍纵即逝的事物并对其进行精细观察的能力上,我可能在众人之上。"

看看周围的同学,那些学习成绩不好的是不是就是平时观察力特别差的同学呢?观察力低下,就会导致思考能力和判断能力低下,所以,我们是否具有好的观察能力是非常重要的。这可是直接关系到我们的学习成绩呀!

那么,我们该怎样培养自己的观察能力呢?

1.具备明确的观察目的。

在观察当中,一些同学往往目的性不明确,喜欢凭自己的兴趣观察那些自己感到好奇的事物。事实上,你的观察任务,直接影响观察的效果。观察目的越明确,你的注意力就越集中,观察也就越细致、深入,观察的效果就越好。所以,在观察时一定要紧紧围绕着两个问题,那就是:观察什么,为什么观察。

2.充满好奇心。

一个人对各种事物的好奇心越强烈,就越具有探索的眼光。如果一个人对周围的事物都熟视无睹,就不可能发现新事物。正如爱迪生所说:"谁丧失了好奇心,谁就丧失了最起码的创造力。"

一位男孩问父亲:"爸爸,为什么咱们家阳台里的花和卧室里的花的叶子颜色不一样呢?"男孩的父亲很高兴儿子能看到这点不同,于是特地找来碘酒,给孩子做了一个实验。

父亲把碘酒滴在经过光照的叶子上,叶子变成了蓝色。父亲对孩子说:"这是因为叶子上有光合作用的产物——淀粉。"然后,他把碘酒滴在没有经过光照的叶子上,叶子的颜色保持不变。父亲告诉孩子:"这就是光合作用,阳台上的花经过阳光的照射,叶子上产生了淀粉;而卧室里的花由于缺乏阳光的照射,就没有产生淀粉。对植物来说,空气、水和阳光都是必需的。"

一个充满好奇心的男孩会发现家里阳台的花和卧室里的花的叶子颜色不一样,然后他就会去观察到底是什么原因导致一样的花有不同的颜色,这个孩子学到了许多知识,他以后也一定会更加注意观察的。

3. 把握观察的重点。

观察是一项有目的、有计划的活动,需要在之前就确定好观察的对象和观察的重点——我要观察什么,为什么要观察,主要了解对象的哪些方面。带着这些目的去观察,才会突出重点,把握这个事物所具有的而其他事物所没有的东西。

4. 要有必要的分析。

对同一事物,从不同的角度,不同的方面去进行分析。通过观察,仅仅能获得一些表象,要使耳闻目睹的现象在脑海中活起来,还要通过分析,由表及里,透过现象去了解事物的特点,发现事物的本质。弄清事物之间的联系,从而升华表面的认识。

5. 在观察的过程中记录观察结果。

达尔文从小就对动植物很感兴趣,喜欢观察动植物。年幼的达尔文出于对观察的兴趣,就对自己搜集的标本做了一些简单记录,有的还附有简单插图。有一天,舅舅看了达尔文的摘记后,对他说:"只做摘记是不够的,你要把自己当作一个画家,但不是用颜色和线条,而是用文字。当你描述一种花、一种蝴蝶、一种苔藓的时候,你必须使别人能够根据你的描述立刻辨认出这种东西来。为了搞好科学研究,你必须进一步提高你的文字表达能力,要像莎士比亚那样用文字描绘世界、叙述历史、打动人心。"

听了舅舅的话,达尔文专门准备了一个记事本,在以后的观察中每次都把观察结果认真地记录下来,并加入了自己的想法。

20 年后,达尔文根据多年来的观察记录写出了进化论的著作,成为世界著名的生物学家。

观察后要对观察的结果有所记录,这不仅是对观察的总结,也是巩固知识点、积累知识的一种好方法。随着观察材料的不断积累和丰富,随感式摘记显得过于简单,就需要写观察日记来总结观察结果。

因此,我们也要把观察过程中的相关情况记录下来,在一个阶段后,对自己的记录进行整理,从而概括出观察的结论。同学们,你的观察日记可长可短,字数不定,形式也很自由,只要记录下真实的情况就可以,所以不要为写观察日记而发愁。

学习 2. 兴趣是最好的老师

"知之者,不如好之者;好之者,不如乐之者。"兴趣是学习积极性中最现实、最活跃的成分,是直接推动学生自我学习的一种内部动力,是热爱学习、产生强烈求知欲的基础。只有当我们自身对学习产生了浓厚的兴趣,才能使整个认识活动兴奋起来,促使我们去有效地进行课堂外的自我学习。

百汇园

[案例一]

15 岁的小浩生性活泼,但最近他很少说话,变得异常沉闷。在爷爷的追问下,他道出了自己的苦恼:"爸爸给我报了兴趣班学二胡,我一点也不喜欢,可他还硬逼我学,怎么办呢?"月月是一个 12 岁的小女孩儿,除了正常的上课时间外,她周六学古筝、周日学舞蹈;放寒假后家长又给她报了个绘画班,她成了家里最忙的人。让她苦恼的是,她对学古筝越来越没有兴趣,可妈妈还逼着她学。最后她对妈妈说出了自己的困惑:"你不是想让我快乐吗? 可我一学古筝就不快乐了,你为什么还要我学呢?"

[案例二]

学计算机专业的张川爱好文学,平时常写文章,偶尔也有作品见诸报端。他希望毕业后能够在 IT 行业工作。大三暑假,张川在经常访问的某国内知名网站的主页上,发现该网站正开展征文活动。此时他正好在生活中遇到了一点烦恼,于是有感而发,写了一篇情深意长的文章《离开你的第七天》投给该网站。开学后,张川在 IT 行业中求职屡战屡败。一天,正为求职苦恼的他接到该网站的电话,告知他的文章获奖了。

于是,张川找到网站征文活动的负责人,该负责人得知张川的求职经历后,问他是否愿意到公司来做事,并许诺丰厚的待遇。张川大喜过望,求职的艰难让这份工作显得格外诱人,第二天张川便到公司实习,负责该网站校园版块的策划组稿工作。上班后,张川成功策划了网站和学校的一次联谊活动。在试用期三个月过后,张川终于迈进了自己心仪的行业。

[案例三]

兴趣对活动有驱动作用。很多成才者的创造性活动是由兴趣驱动的。著名人类学家古道尔从小对生物感兴趣,是兴趣使这位 26 岁的姑娘离开繁华的伦敦,踏上揭开黑猩猩王国神秘面纱的征途,只身进入与世隔绝的非洲原始森林。她几年如一日,吃不上饭,睡不好觉,蚊虫叮咬,疟疾困扰。猛兽毒蛇的威胁,黑猩猩的围困和袭扰,使她多次险些丧生。她以惊人的顽强毅力战胜了重重困难,终于与黑猩猩结成了情同手足的朋友,揭开了野生黑猩猩的行为之谜。莫尔斯由于在船上听了一个名叫杰克逊的医生谈论电磁铁,对电报机发生了兴趣,在兴趣的驱动下,着手研究工作,终于发明了电报机。富兰克林看了英国学者斯宾士表演电学实验,对电学发生了兴趣,在兴趣驱动下,最终成了闻名世界的科学家。伽利略研究数学和物理、华罗庚研究数学、巴哈成为音乐家、塔索成为诗人……都是由兴趣驱动的。

问津园

案例一让我们看到许多家长在培养孩子的时候都忽略了兴趣的重

要性。

据中央音乐学院对 3295 名琴童的调查表明,有 11.4% 的父母因学琴有时会打骂孩子;有 33.3% 的父母偶尔会为此打孩子;至少有 44% 的琴童因"不听话"经常受到父母批评;21% 的父母经常威胁孩子;40% 的父母在孩子学琴时批评多于鼓励;因为是琴童,其中 50% 的孩子受到比其他孩子更为严厉的管教。

在中学教学过程中,一些老师和家长急于求成,趋向于求助外在措施激发学生的学习兴趣,这样的做法并不能真正解决学习兴趣问题。让学生由于习惯当前状态而对学习产生的兴趣,缺少学生主动的思考和追求,更多的是一种机械适从,这种兴趣不具有长远性和稳固性,当学生遇见另一种他真正感兴趣的事物的时候,注意力会迅速地转移到其他事物上去,对学习由于习惯而产生的机械兴趣在这种真正兴趣面前几乎没有任何抵抗力。

此外,教师和家长依赖于惩罚,换来的是表面服从,而非学生真心实意的兴趣。学生在出于保护自己免遭惩罚的意图下,学习兴趣更多的是一种麻痹教师或家长的表象,学生应对性服从的表象下隐藏的真实感情可能是对学习的厌恶和逆反。给学习材料或教学过程从外面插入一些对学生来说有乐趣的事物,似乎真正地引起了学生的学习兴趣,但是引起学生兴趣的并不是学习内容本身,而是那个附加物,结果反而把很多学生的注意力引到其他事物上去,而不在课堂之内了。因此,借助于外在措施激发兴趣的做法,引起的是学生表面和机械的回应,往往肤浅而又短暂,甚至还可能导致学生与教师、学生与家长之间的矛盾与冲突。

在中小学教育教学实际中，教师和家长应该合理谨慎地对待和使用这些激发学生学习兴趣的外在措施。

虽然家长和老师不理解学生的兴趣所在，但作为学生的我们，也不该一味顺从或埋怨，而是应该大胆提出自己的想法。

案例二从表面上看，张川的求职成功似乎是"妙手偶得之"，其实这与他平时对文学的爱好和练习是分不开的。张川最初的求职期望是担任一名 IT 公司的技术员，然而写作方面的爱好却成为他迈入 IT 公司门槛的"通行证"。事实上，很多 IT 公司并不缺少技术过硬的研发人员，缺少的是拥有一定的技术功底、对宣传策划和活动组织具有良好领悟力和执行力的人。张川求职成功的案例，让我们看到了理工科同学加强文学修养、文理兼备的重要性。

案例三让我们看到兴趣作为活动动机的一种形式，它在活动中最突出的作用莫过于动力作用。兴趣的动力作用主要体现在克服困难的过程中。著名化学家罗蒙诺索夫少年时期，对科学有浓厚的兴趣，为了得到一本《算术》书，在炎热的夏天给一个商人干了 40 天活，为了保住这本《算术》书，竟然一个人在令人毛骨悚然的坟地里过夜。

兴趣可以给人以巨大的力量，它使人废寝忘食地工作。有了兴趣，就能做到连朝接夕不知其苦。人们都有这样的体验，如果对从事的活动感兴趣，就能在活动中体验到愉快和满足，即使付出很大的体力或长时间工作也不觉得疲劳。

智慧园

兴趣是引起和保持注意的重要因素，在兴趣的指导下，我们能产生坚持不懈的学习行为。兴趣是一种求知倾向。对于感兴趣的事物,人们总是积极主动地去探究它。如许多对学习入迷的学生,总是夜以继日地学习,不离书桌。兴趣、入迷推动他们勤奋地、持之以恒地采取行动,直到目的实现为止。

那么,我们如何培养自己的兴趣呢?

1. 从小培养,激发锻炼自己的兴趣。

中小学生习惯的形成,往往是从乐趣开始,满足自己天真的行为和好奇的动机,使自己在喜欢做的事情中求得乐趣,体验到其中舒心的情结,就会从不要转化为需要,需要或欲望得到满足后,又有新的需要产生,再引起第二次行为,如此循环往复,习惯就在不断的需要中形成。

兴趣是个人对事物特殊的、积极的认识倾向,是人们从事实践最强有力的动力,表现为对事物的预先注意和积极、肯定的态度,以及力求去认识研究和掌握,是鼓励人去做的原动力,是能量的调节者,起到发动内心力量的作用。中小学生在课堂外的自我学习是兴趣萌发的主要渠道之一,也是培养我们情感因素以及自信心的重要方面。

2. 培养兴趣意识,不断积累知识。

培养兴趣意识是学生主体作用的体现。

培养自己的兴趣意识使自己积极参加各项活动,以全面发展自己的素质,使自己能有特殊爱好的项目,以提高能力,在实践中获得兴趣效能,从而养成自我学习的好习惯。

兴趣意识可以促使我们在课堂外的学习过程中,充分发挥自己的实践能力,意识到自己的一生必须按照个人意志,坚持不懈地学习,追求成功,养成一种伴随一生的有目的的自觉反应。

同时,实践证明,要有效培养中小学生的兴趣意识,也需要学校、家庭与社会的相互配合,充分发挥宣传的导向作用。首先,端正中小学生对兴趣的认识,正确区分有益兴趣和不良兴趣影响,深刻理解兴趣对培养人和促进人的全面发展的作用,从而提高中小学生参与实践的自觉性和主动性;其次,要引导中小学生直接参加兴趣实践,有意识、有实践才会有习惯的养成。

另外,要多看课外书,多积累自己的知识,这样的话,有兴趣的指引,知识的积累,相信良好的兴趣会让我们受益终生。

3. 积极参加课外活动。

课外活动是培养兴趣的一个重要途径。在我们学校里是不是开设科技、语文、数学、体育、音乐、美术等方面的课外活动?这些活动的内容不受教学计划和教科书的限制,也不受班级授课时间的限制,我们可以多种渠道地接受各种新信息。这种课外活动能极大地增强我们的兴趣。

学习 3. 创新让你打开另一扇门

列夫·托尔斯泰曾经说过:如果学生在学校里学习的结果,是使自己不会创新,那他的一生将永远是模仿和抄袭。高尔基也说:如果学习只在于模仿,那么我们就不会有科学,也不会有技术。创新是一个民族进步的灵魂,是国家兴旺发达的不竭动力。

创新有一个实施和完善的过程。如英国斯蒂芬孙刚发明火车时,火车跑得还不如马车快,经过后来不断的改进才成为被大众接受的交通工具。

百汇园

[案例一]

毕加索是一位极富创造力的大画家,他有收藏破铜烂铁的癖好。一次,他在一个老人那里看到一部旧自行车,就向老人索要。老人觉得一架破自行车值不了几个钱,就很爽快地给了他。回到家里,毕加索把自行车的把手和座椅拆下来拼成了一个牛头的塑像,后来这个塑像就成了"现成品雕塑"的代表作品,现在有许多艺术家用诸如易拉罐之类的现成品创作雕塑,就是从毕加索开始的。

[案例二]

1877年冬天,一场大雪降落在美国的代顿地区,城郊的山冈上到处是白茫茫一片。一群孩子来到堆着厚厚白雪的山坡上,乘着自制的爬犁飞快地向下滑去。在他们后面,有两个男孩静静地站着,眼睁睁地看着欢快的爬犁从上而下滑过。

一个孩子噘着嘴说道:"哥哥,我们自己动手做吧!"被称做哥哥的男孩一听,顿时笑了起来,愉快地点头。

这兄弟两个从小就喜欢摆弄一些玩意儿,经常在一起做各种各样的游戏。他们的爷爷是个制作车轮的工匠,屋里有各种各样的工具,兄弟两个把那里当作他们的乐园。时间一长,他们就模仿着制作一些小玩具。因此,兄弟两个决定,这次要做架爬犁,拉到山坡上与同伴们比赛。当天晚上,兄弟俩就把这种想法告诉了妈妈。妈妈一听,非常高兴地说道:"好,咱们共同来做吧!"

于是,兄弟俩跑到爷爷的工作房里,找到很多木条和工具,不假思索就干了起来。先同妈妈一起设计图样。妈妈首先量了兄弟俩身体的尺寸,然后画出一个很矮的爬犁。过了一天,兄弟俩的矮爬犁做成了。这兄弟俩就是莱特兄弟,大的叫威尔伯,小的便是奥维尔。

1908年9月10日,弟弟奥维尔驾驶着他们的飞机,在一片欢呼声中,自由自在地飞向天空,两支长长的机翼从空中划过,恰似一只展翅飞翔的雄鹰。

1908年,莱特兄弟在政府的支持下,创办了一家飞行公司,同时开办了飞行学校,从这以后,飞机成了人们又一项先进的运输工具。

[案例三]

二百多年前的一天,一位数学教师走进课堂,也许是想清静一个小时,他给四年级的学生们布置了一道题:从1加到100。5分钟后,一个学生走到他跟前,交上了正确答案,这时老师是多么吃惊呀!这怎么可能呢？这个孩子一定是个天才。让我们也来做一下：拿出一张纸来，在 5 分钟内把 1 到 100 的所有数字加起来。

5 分钟后，你得出了什么结果呢？得出的结果与每个人的数学技巧有关，但极少有人得出正确答案。答案是 5050。顺便提一下，那个学生的名字叫高斯。

不错，正是这个高斯，后来成了著名的数学家和物理学家。就是这个高斯，用他那天才的手触及到了数学和物理学的很多分支。

现在回到这个难题上去。你是怎么做的？怎么开始的？你可能是把数字一个一个加起来：1＋2＋3＋4＋5＋6＋7……

或者用另一种方法，从 100 开始：100＋99＋98＋97……

这就是人们所说的序列思维（一个接一个地顺序进行）。我们看见了这些数字，从一看见就开始演算，或是按照老师说的去做。这通常会出现一个很长的演算过程或是大量的错误。体现这种习惯做法的另一道题是 2＋2×2。答案是多少？

人们听到的最多的是 8。正确答案是 6。因为运算规则是先乘后加。换句话说，2＋2×2 应该先算 2×2，然后再算 2＋4＝6。这个错误很小。但它表明尽管我们学过并使用过这些运算规则，人的大脑习惯上仍选择障碍最少的路径——序列思维。而天才的大脑动作方式却截然不同。它不是按顺序先算 2＋2，而是把这道题看成一个整体，从乘法开始（根据运算规则）。

所以，当要求把数字从 1 加到 100 时，小高斯综观全局：

1、2、3、4……97、98、99、100，从中发现 1＋100＝101，2＋99＝101，

3＋98＝101,等等。他下一步的举动就是判断从 1 到 100 的序列中有多少这样的对子。答案很简单：(100÷2)＝50。于是，从 1 到 100 之间的所有数字的总和是 101×50＝5050。这就是为什么高斯能在 5 分钟内算出这道题的原因。天才的 5 分钟就等于习惯上的序列思维的一小时或更多。

问津园

案例一中自行车在我们大部分人的眼里，没有什么稀奇，而在像毕加索这样的艺术家眼里，却是一个牛头，一件艺术品。同样的东西能想出不同的事情，这就是一种能力，一种创新。

创新能力又叫创新才能，是指人为了一定的目的，遵循事物发展的规律，对事物的整体或其中某些部分进行变革，从而使其得以更新与发展的活动。创新能力是人在顺利完成以原有知识经验为基础的创建新事物的活动中表现出来的潜在的心理品质。它的本质是进取，是推动人类文明进步的激情；创新就要淘汰旧观念、旧技术、旧体制，培育新观念、新技术、新体制，不做复制者。

案例二中莱特兄弟的妈妈对两个孩子创新能力的培养起了积极的作用。同时我们也应看到：

1.家长辅导是必要的，重点在学习习惯上的培养。中小学生正处在学习习惯的形成阶段。他们年龄小，自觉性差，知识底子薄，学习经验少，学习困难多，因此家长的责任就是要帮助孩子缩短这个学习的"预熟期"，迅速进入学习状态。

2.情感投入不可太多。有的家长辅导学习，从摆凳子，削铅笔，一直到收拾书包，成了孩子的"仆人"。事实上，学习过程是一个综合训练过程。孩子既要学习知识,又要进行行为意识训练,还要开发智力。家长情感投入太多,势必使学生产生严重的依赖性,削弱对创新能力和独立人格的培养。

3.鼓励独立思考与创新。学生学习的过程就是一个分析问题解决问题的过程,离开学校和老师回到家里学习,为学生的独立学习创造了良好的条件。家长可以在一旁做一做"场外指导",千万不要在孩子做作业时,有问必答,不论难易。而应该启发孩子去独立思考,寻求解决问题的方法。

这仅仅是对家长而言的,作为学生的我们,当然不能只依赖家长的培养,而是应该向莱特兄弟学习,自己培养自己的创新能力。

由案例三可见,养成良好的数学思维习惯不但可以更加便捷地掌握数学知识,还能够降低学习难度,同时,对于其他学科知识的学习也有很大的启迪作用。

高斯之所以对数学界产生如此大的影响,正是因为他拥有善于创新的大脑,敢于创造的勇气。

英国科学家亚历山大·弗莱明认为:所有的机会源于自己的创造力。他说:"一切新事物的发现都是偶然的:牛顿看见苹果由树上落下来;瓦特看见正在沸腾的水壶;伦琴发现一些雾状感光的底片。而这些人也都具备了足够的知识,能够由这些稀松平常的偶发事件中,发现新的事物。"

确实,在整个人类往前迈进的每一步的背后,都需要一些孤独的个人在思想中萌发出创造力的种子,这些人的梦想在某一个夜晚将他们唤醒,而另外一些人的梦想却仍旧在沉睡。这个醒来的人就是我们这个世界必不可少的人。

智慧园

创造性思维是人类的高级心理活动。创造性思维是政治家、教育家、科学家、艺术家等各种出类拔萃的人才所必须具备的基本素质。心理学认为:创造性思维是指思维不仅能提示客观事物的本质及内在联系,而且能在此基础上产生新颖的、具有社会价值的、前所未有的思维成果。

创造性思维是在一般思维的基础上发展起来的,它是后天培养与训练的结果。卓别林为此说过一句耐人寻味的话:"和拉提琴或弹钢琴相似,思考也是需要每天练习的。"因此,我们可以运用心理上的"自我调节",有意识地从几个方面培养自己的创造性思维。

1. 展开"幻想"的翅膀。

心理学家认为,人脑有四个功能部位:一是从外部世界接受感觉的感受区;二是将这些感觉收集整理起来的贮存区;三是评价收到的新信息的判断区;四是按新的方式将旧信息结合起来的想象区。只善于运用贮存区和判断区的功能,而不善于运用想象区功能的人就不善于创新。据心理学家研究,一般人只用了想象区的15％,其余的还处于"冬眠"状态。开垦这块处女地就要从培养幻想入手。想象力是人类运用储存在大脑中的信息进行综合分析、推断和设想的思维能力。在思维过程中,如果没有想象的参与,思考就发生困难。特别是创造想象,它是由思维调节的。

爱因斯坦说过："想象力比知识更重要，因为知识是有限的，而想象力概括着世界的一切，推动着进步，并且是知识进化的源泉。"爱因斯坦的"狭义相对论"就是从他幼时幻想人跟着光线跑，并能努力赶上它开始的。世界上第一架飞机，就是从人们幻想造出飞鸟的翅膀而开始的。幻想不仅能引导我们发现新的事物，而且还能激发我们作出新的努力、探索，去进行创造性劳动。

青年人爱幻想，要珍惜自己的这一宝贵财富。幻想是构成创造性想象的准备阶段，今天还在幻想中的东西，明天就可能出现在创造性的构思中。

2. 培养发散思维。

所谓发散思维，是指倘若一个问题可能有多种答案，那就以这个问题为中心，思考的方向往外散发，找出适当的答案越多越好，而不是只找一个正确的答案。人在这种思维中，可左冲右突，在所适合的各种答案中充分表现出思维的创造性成分。曾经有科学家说："涉猎多方面的学问可以开阔思路……对世界或人类社会的事物形象掌握得越多，越有助于抽象思维。"比如我们思考"砖头有多少种用途"，我们至少有以下各式各样的答案：造房子、砌院墙、铺路、刹住停在斜坡的车辆、做锤子、代尺画线、垫东西、搏斗的武器，如此等等。

3. 发展直觉思维。

所谓直觉思维是指不经过一步一步分析而突如其来的领悟或理解。很多心理学家认为它是创造性思维活跃的一种表现，它既是发明创造的先导，也是百思不解之后突然获得的硕果，在创造发明的过程中具有重要的地位。物理学上的"阿基米德定律"是阿基米德在跳入澡盆的一瞬间,发现澡盆边缘溢出的水的体积跟他自己身体入水部分的体积一样大,从而悟出了的著名的阿基米德原理。又如,达尔文在观察到植物幼苗的顶端向太阳照射的方向弯曲现象时,就想到了这是幼苗的顶端因含有某种物质,在光照下跑向背光一侧的缘故。但在他有生之年未能证明这是一种什么物质。后来经过许多科学的反复研究,终于在1933年找到了这种物质——植物生长素。

直觉思维在学习过程中,有时表现为提出怪问题,有时表现为大胆的猜想,有时表现为一种应急性的回答,有时表现为解决一个问题,设想出多种新奇的方法、方案等等。为了培养我们的创造性思维,当这些想象纷至沓来的时候,可千万别怠慢了它们。青年人感觉敏锐,记忆力好,想象极其活跃,在学习和工作中,在发现和解决问题时,可能会出现突如其来的新想法、新观念,要及时捕捉这种创造性思维的产物,要善于发展自己的直觉思维。

4. 培养思维的流畅性、灵活性和独创性。

流畅性、灵活性、独创性是创造力的三个因素。流畅性是针对刺激能很流畅地作出反应的能力。灵活性是指随机应变的能力。独创性是指对刺激作出不寻常的反应,具有新奇的成分。这"三性"是建筑在广泛的知识的基础之上的。20世纪60年代美国心理学家曾采用所谓急骤的联想或暴风雨式的联想的方法来训练大学生们思维的流畅性。训练时,要求学生像夏天的暴风雨一样,迅速地抛出一些观念,不容迟疑,也不要考虑质量的好坏,或数量的多少,评价在结束后进行。速度愈快表示愈流畅,讲得越多表示流畅性越高。这种自由联想与迅速反应的训练,对于思维,无论是质量,还是流畅性,都有很大的帮助,可促进创造思维的发展。

5. 培养强烈的求知欲。

古希腊哲学家柏拉图和亚里士多德都说过,哲学的起源乃是人类对自然界和人类自己所有存在的惊奇。他们认为:积极的创造性思维,往往是在人们感到"惊奇"时,在情感上燃烧起来对这个问题追根究底的强烈的探索兴趣时开始的。因此要激发自己创造性学习的欲望,首先就必须使自己具有强烈的求知欲。而人的欲求感总是在需要的基础上产生的。没有精神上的需要,就没有求知欲。要有意识地为自己出难题,或者去"啃"前人遗留下的不解之谜,激发自己的求知欲。青年人的求知欲最强,然而,若不加以有意识地发展智力,追求到科学上去,就会自然萎缩。求知欲会促使人去探索科学,去进行创造性思维,而只有在探索过程中,才会不断地激起好奇心和求知欲,使之不枯不竭,永为活水。一个人,只有当他学习的心理状态处于"跃跃欲试"的阶段时,他才能使自己的学习过程变成一个积极主动"上下求索"的过程。这样的学习,就不仅能获得现有的知识和技能,而且还能进一步探索未知的新境界,发现未掌握的新知识,甚至创造前所未有的新见解、新事物。

学习 4. 做一个动脑思考的人

人奔跑不如鹿,嗅觉不如狗,力量不如牛,跳跃不如羚,游泳不如鱼,飞翔不如鹰。人的优势在脑,大脑有自我意识,有高度智慧。比起许多生存繁殖了几亿年的动物,人类是只有几百万年历史的小后辈。但我们人类近几百年来,产生了达·芬奇的绘画,贝多芬的音乐,曹雪芹的小说,爱因斯坦的理论。我们用电脑做事。登月成功,世界联网,这些都因为我们人类拥有无与伦比的大脑。

百汇园

[案例一]

洪乐钦是一个活泼的女孩,聪明伶俐,生活中可没有什么事能难倒她哦!

下午最后一节课,班主任陈老师走进教室对大家说:"同学们,这节课全校进行大扫除。下面,我把具体的工作做一个分工。……洪乐钦,你们小组四个同学负责擦六盏日光灯的灰尘。……"陈老师话音刚落,同学们就各就各位,开始了紧张的劳动。

可洪乐钦的小组四个同学却被难住了。瞧他们四个人,每人手里都拿着抹布,可一个个只能"望灯兴叹",没有一个人能碰到那六盏灯,更别说擦了。说实话,以前他们大扫除时,这日光灯好像从来没被同学们擦拭过。原因当然是因为它们挂得太高了,没有同学够得着它,即使老师也够不着呀!久而久之,那上面的灰尘该有多厚呀!还别说,洪乐钦抬头看看那灯背还真积了一层厚厚的灰尘呢！哎,这次她这个小组长可要为难了。看看别的组,都已经快完工了,可他们组……组员都跑过来看着洪乐钦,好像在说:"我们擦不到,你想办法吧!"

去向老师求救吧,这向来不是洪乐钦的作风哦!时间在一分一秒地过去,再想不出办法可不行了。这时,洪乐钦看到梅联超手里背着的长长的扫帚,突然有了灵感。对了,大家可以把抹布拴在长长的竹竿上,这样不就可以擦到了吗?

于是,洪乐钦赶快把她的想法告诉了其他三位同学,他们一听,马上开始行动了。不一会儿,他们的新式"长臂抹布"制作完成。又过了不久,他们胜利完成了老师交给他们的任务。

班主任陈老师还在课堂上表扬了洪乐钦的"发明",还说她爱动脑子,好样的。可把她乐坏了!动脑子,使洪乐钦处处受益,希望大家遇事也能多动脑。请记住一句话:"镜子越擦越干净,脑子越用越灵活。"

[案例二]

法国大数学家、物理学家帕斯卡,小时候不但喜欢问为什么,还特别喜欢自己去钻研,找出问题的答案。

有一次,帕斯卡在厨房外边玩,听到厨师把盘子弄得叮叮当当地响。这种声音响了多少年谁也没注意过,可是却引起帕斯卡的思考。他想,要是敲打发声的话,为什么刀离开盘子以后,声音不马上消失呢?

他跑到厨房中自己一边做实验,一边观察,他发现盘子被敲打后,声音持续了好长一段时间,但只要用手一按盘子边,声音就立刻停止。帕斯卡高兴地发现,原来发声最要紧的是振动,不是敲打。打击停止了,只要振动不停止,还能发出声音来。

这样,帕斯卡十一岁就发现了声学的振动原理,开始了科学的探索。后来不断有发明创造,成为世界著名的科学家。

问津园

案例一中的女孩洪乐钦在困难面前积极思考,善于用脑,用自己的智慧将困难逐个解决掉。

这个世界不缺少模仿的人,缺少的是会思考的人。学习不是复制,我们不是复印机。伟大的科学家牛顿说:"我一直在想、想、想……"可见,养成勤于动脑思考的习惯是多么重要。从小养成勤于思考的良好习惯,对于我们的学习、工作乃至一生都是非常有益的。爱因斯坦说过:"学习知识要善于思考,思考,再思考,我就是靠这个学习方法成为科学家的。"只有通过思考才能真正掌握知识,思考的习惯和能力才能提高。

这就要求我们增强自己分析问题、解决问题的能力,面对每一个问题时都勤于思考,善于用脑。

案例二让我们看到法国大数学家、物理学家帕斯卡,小时候不但喜欢问为什么,还特别喜欢自己去钻研,找出问题的答案。

好奇心人皆有之,但是对自然现象具有好奇心的人就不多了。好奇心是科学动脑、思考、深入研究的驱动力,是创新人才最重要的素质。

爱因斯坦在《自述》中回忆说:"当我还是一个四五岁的小孩,在父亲给我看一个罗盘的时候,就经历过这种惊奇。这只指南针以如此确定的方式行为……这种经验给我一个深刻而持久的印象。"正是对科学的这个伟大而永恒之谜的兴趣,使他在晚年拒绝了担任以色列总统的邀请。

所以说善于动脑思考的人都有一颗强烈的好奇心,都保持着对一切事情探个究竟的浓厚兴趣。

智慧园

孔子说过:学而不思则罔,思而不学则殆。意思就是说,只学习而不思考,就会迷茫无知,得不出结果;只思考而不学习,就会疑惑不解,也得不出结论,讲的其实就是动脑思考与学习的关系所在。

动脑思考是我们智力活动的核心,也是智力结构的核心,因而动脑思考能力是我们成才最重要的智力因素。

培养动脑思考能力有一定的规律可循,同学们,让我们一起看看怎样做吧!

1. 要有丰富的知识与经验。

我们的知识越丰富,思维也就会越活跃,因为丰富的知识和经验可以使我们产生广泛的联想,使思维灵活而敏捷。著名的化学家门捷列夫,他因制定了元素周期表而对化学研究的发展起到无法替代的作用,但他不仅仅是懂化学,还对物理、气象等科学领域都有涉猎,才能制定出元素周期表。

2. 利用想象打开思路。

想象力是动脑思考活动的翅膀,为思维的飞跃提供强烈的推动力。因此,要善于提出各种问题,让自己通过猜想来打开思路。某物理学家在评论爱因斯坦时说:"作为一个发明家,他的力量和名声,在很大程度上应归于想象力给他的激励。"这说明了想象的重要性。

要发挥想象并不难,关键在于随时随地的启发。比如,当看到自行车圆圆的轮子时,可以让自己想象一下圆的轮子还可以用在什么上面。

3. 让自己经常处在问题情景之中。

思维是从问题的提出开始的,接着便是一个问题的解决过程,所以说问题是思维的引子,经常面对问题,大脑就会积极活动。

4. 培养自己独立思考的习惯。

有的学生遇到疑难问题,总希望家长给他答案;甚至有时候自己还在思考的过程中时,有人就迫不及待地把答案告诉你了。虽然当时解决了问题,但从长远来说,对发展我们本身的智力没有好处。不会自己去寻找答案,不可能养成独立思考的习惯。同学们,我们应学会面对一个问题应该怎样去想、去分析,怎样运用自己学过的知识和经验,怎样看书,怎样查参考资料等。当自己得出答案时,就会充满成就感,思维能力提高而且产生新的动力。

5. 讨论、设计解决实际问题的思路。

在生活中、学习中,在家庭生活中经常出现各种各样的问题需要解决。我们可以和老师、朋友、家人一起共同讨论、设计解决问题的方案,并付诸实施。这个过程中,需要分析、归纳,需要推理,需要设想,需要设想解决的方法与程序。这对于提高自己的思维能力、解决实际问题的能力大有好处。

学习 5. 好的计划是成功的一半

高尔基说:"不知明天该做什么的人是不幸的。"

恩格斯说:"利用时间是一个极其高级的规律。"

西方有句谚语:"如果你不知道你要到哪儿去,那通常你哪儿也去不了。"

世界顶尖潜能大师安东尼·罗宾说过:"我们的生活是忙碌的,忙碌中又往往充满了迷茫。向左走?向右走?有的时候,我们确实需要停下来,做好了准备再前进,也许收到事半功倍的效果。"

所有的这些都告诉我们不管做什么工作都要有计划有准备,才能做得好,取得好的效果。学习也如此,也要有计划,有方法。

百汇园

[案例一]

小兵同学伤心地说:"我上小学的时候在班上名列前茅,以高分考进了重点中学,我们全家都很高兴。进入初中后,我学习很努力,每天迟睡早起。谁知期中考试成绩在班上只排到 30 名。我很不服气,发誓赶上。可期末考试又落到了 37 名。现在我经常捧着书本发呆,简直不想上学了。我该怎么办呢?"

[案例二]

世界某著名投资公司创始人孙某,曾经在 23 岁时花了 1 年多的时间来想自己到底要做什么。他把自己想做的 40 多种事情都列出来,而后逐一地做详细的市场调查,并做出了 10 年的预想损益表、资金周转表和组织结构图,40 个项目的资料全部合起来足有 10 多米高。然后他列出了 25 项选择事业的标准,包括该工作是否能使自己全身心投入 50 年不变、10 年内是否至少能成为全国第一等等。依照这些标准,他给自己的 40 个项目打分排队,计算机软件批发业务从这 40 个项目中脱颖而出。孙某用十几米厚的资料做事业选择,目光放在几十年之后,这样的深思熟虑,这样的周密规划已注定了他日后的成功。

[案例三]

明明已经初中二年级了,平时总是一副很随意的样子,想看哪本书,就翻翻哪本,没有目的性,也没有计划性。事实上,明明的学习成绩也是一般,不上不下的。

有天晚上,已经很晚了,妈妈按习惯去给明明盖他踢开的被子,可是推门一看,明明还在看书呢! 原来他们要进行测验了,明明发现还有好多内容一直没有复习过,忙着复习呢!

这样,明明开了几天夜车,但是考试结果并不理想。

明明很郁闷,怎么回事呢,自己不是努力了吗?

再看看明明的同班同学乐乐。

也是晚上,乐乐的妈妈听乐乐的老师说,过几天要进行一次测验,就打算进屋督促乐乐学习,却发现乐乐正在看课外书呢。

"乐乐,你们要考试了,怎么还不赶紧复习?"

"妈妈,考试也不会打乱我的学习计划的,再说,我早就按照学习计划的安排复习好了。"

果然,乐乐的成绩依然很优秀。

看看,学习有没有计划,竟有这么大的差别。

问津园

案例一中的小兵同学虽然学习刻苦勤奋,但却缺乏良好的计划。

心理学研究表明:学生之间的成绩差异不仅取决学习基础、能力水平和生活环境条件等主客观因素,而且还与学习有无计划相关。一份良好的学习计划,将有助于学生明确学习目标,有条有理地安排自己的学习、生活和工作,培养独立组织各项学习任务的能力,从而提高学习效率。学习毕竟是一项艰苦的事情,我们的教育专家研究表明,要想减轻学生学习的痛苦。唯一的途径就是缩短学生的学习时间,学习有明确的目标和目的。

案例二中孙某凭借周密的计划取得了辉煌的人生。

"有什么样的目标就有什么样的人生"。

人生之旅从选定方向开始。没有方向的帆永远是逆风,没有方向的人生不过是在绕圈子。撒哈拉沙漠中的旅游胜地——比赛尔,在很久以前,是一个只能进、不能出的贫瘠地区。在一望无际的沙漠里,一个人如果凭着感觉往前走,他只会走出许多大小不一的圆圈。后来,一位青年在北极星的指引下,成功地走到了大漠边缘。这位青年成了比赛尔的开拓者,他的铜像被竖在小城的中央,铜像的底座上刻着一行字:新生活是从选定方向开始的,用一年的时间赢得一生的成功。

案例三中乐乐制订学习计划并认真地执行计划,能有效地提高学习成绩,使自己德、智、体、美、劳全面发展。

智力相同的两个同学,有没有学习计划,他们的学习效果是大不相同的。

计划是实现学习目标的蓝图。每一个同学都应该有自己的学习目标,而目标实现,要脚踏实地、有步骤地完成。这样时间和任务的科学结合,就诞生了计划。为了实现学习目的,制订计划努力去实现它,就可以使自己离目标越来越近,使自己每一个行动都具有明确的目的。

每一个想把学习搞好的同学,头脑中都应有这张蓝图。

智慧园

中国有句古话:"凡事预则立,不预则废。"意思是说不管做什么事,如果事先有了打算,往往能取得好的效果,否则就有可能失败。

那么,我们学习该怎样做才会具有计划性呢?

1. 制定学习目标。

没有学习目标,就像漫步在街头不知走向何处的流浪汉一样,是对学习时光的极大浪费。首先,学习目标的制定要恰当合理,一般来说要有激励性,要略高于现有的实际水平。其次,要突出重点,不要平均用力。对重点目标还要做到具体、明确、适当,不要笼统含糊。适当就是指目标不能定得过高或过低,过高了,目标最终无法实现,容易丧失信心,使计划成为一纸空文;过低了,目标无需努力就能达到,不利于进步。要根据自己的实际情况提出经过努力能够达到的目标。关于学习目标我们应该有两个要求:明确,就是指学习目标要便于对照和检查。如:"今后要努力学习,争取更大进步"这一目标就不明确,怎样努力呢? 哪些方面要有进步? 如果改为"数学课语文课都要认真预习。数学成绩要在班级达到 100 分以上水平",这样就明确了。以后是否达到就可以检查了。具体,就是目标要便于实现,如怎样才能达到"数学中上水平"这一目标呢?可以具体化为:每天做 10 道计算题、5 道应用题,每个数学公式都要准确无疑地背出来,等等。

2. 进行自我分析。

我们每天都在学习,可能有的同学没有想过我是怎样学习的这个问题,因此制订计划前首先进行自我分析。

同学们可以仔细回顾一下自己的学习情况,找出学习特点。各人的学习特点不一样。有的记忆力强,学过的知识不易忘记;有的理解力好,老师说一遍就能听懂;有的动作快但经常出错;有的动作慢却很仔细;有的数学差;有的英语差;有的是因为基础差;有的是因为态度不端正。学习有时就像是看病,只有知道自己是什么病,才能对症下药。

3. 计划要全面。

思想、学习、身体是相互影响的。在计划时,一定要兼顾这三个方面。

计划里除了有学习的时间外,还应当有进行社会工作、为集体服务的时间;有保证睡眠的时间;有娱乐活动的时间。计划里不能只有三件事:吃饭、睡觉和学习。如果计划真是这样,那么这个计划就是片面的、不科学的。

4. 科学地安排时间。

学习计划从本质上讲其实就是时间的安排。"时间老人"对人们都很公平:每人每天 24 小时。可是,你会看到,有的同学会科学地安排自己的时间,每天该干什么时就干什么,学习井井有条,效果很好;有的同学不会安排时间,尽管整天手忙脚乱,功课却没有学好。这是为什么呢?原来,安排时间的学问也多得很。恩格斯说:"利用时间是一个极其高级的规律。"没有一个成才者是不珍惜时间并科学地安排时间的。要科学地安排好时间,我们需要知道以下几点:

(1)执行过程要定期检查。

一个计划的执行一般都有一段持续的时间,如果只是等到最后阶段再来总结,一旦发现问题想要补救则为时已晚了。所以应该立足于平时的检查,及时发现执行中出现的问题:看时间有没有遵守,任务是否完成,目标定得合理不合理,有没有抓住重点等等,以便尽快做出调整,保证计划的客观性。为了使检查时间得到落实,可以采用定期检查的方式,规定好每隔一段时间就检查一次,不至于"三天打鱼,两天晒网"。

(2)设计检查验收统计表。

为了加大自我监督力度,可以有意识地指导学生设计出计划执行情况统计表,张贴在墙上或摆放于醒目位置,作为自我检查、自我督促、自我验收的凭证。统计表的格式和内容因人而异,可分科统计,亦可综合统计,但统计项目要具体、详尽,可操作性要强,如计划中规定了每天定时学习外语,统计项目中学习结果如何,掌握了什么内容,任务是否都已完成等等,就要靠学习后的自我检验了。有的同学把一课外语学习的任务分为五个具体项目:单词和词组,句型和语法,熟读和背诵课文,按课文提问和回答,做书面练习。在统计验收时,一次一次过关,每通过一项,就在表格中的相应栏目内打上记号"√",这就使得检查验收工作更有实质性,而不会流于空泛。

(3)检查效果及时调整。

每个计划执行结束或执行一个阶段后,就应当检查一下效果如何,如果效果不好,就要找原因,进行必要的调整。检查内容:是不是基本按计划去做?计划任务是否完成?学习效果如何?没完成计划的原因是什么?什么地方安排得太紧?哪些环节安排得轻松?通过检查后,再修订计划,改变不科学、不合理的地方。发现自己的成功,是对自己的激励。我们要在学习计划的执行中不断地发现自己成功的地方,用成功来激励自己。

5.安排好常规学习时间和自由学习时间。

常规学习时间就是按学校规定的学习时间,完成老师当天布置的学习任务,"消化"当天所学的知识。

自由学习时间是指完成了老师布置的学习任务以后所剩下的归自己支配的学习时间。自由学习时间应当成为制订学习计划的重点部分。同学们一旦抓住了自由学习时间,将会给自己的学习和成长带来极大的好处。所以,我们应当努力提高常规学习时间的效率,增加自由学习时间,使学习的主动权掌握在自己的手里。

6.脑体结合,文理交替。

"心之官则思",思维要靠大脑,学习是个艰苦的脑力劳动过程。要想使大脑神经细胞正常工作,必须保证脑细胞的新陈代谢,脑细胞消耗着人体需氧量的四分之一,血糖量为120毫克时(指100毫升血内)记忆最佳;血糖量为60—70毫克时思维迟钝;血糖量为45毫克时会昏迷、惊厥。可见思维活动正常进行时,脑细胞消耗着大量的物质和能量,并产生大量的废物和二氧化碳。所以在安排计划时,不要长时间地从事单一活动。学习和体育活动要交替安排。比如:学习了一下午,就应当去锻炼一会儿,再回来学习。锻炼时运动中枢兴奋,而其他区域的脑细胞就得到了休息。安排科目时,文科、理科要交替安排,相近的学习内容不要集中在一起学习。

7. 长计划和短安排。

在一个比较长的时间内,究竟干些什么,应当有个大致计划。例如,一个学期、一个学年应该有个长计划。但是实际学习生活变化很多,又往往无法预测,故长计划不可太具体。但这个月或下学期要解决哪几个问题,心中应该有数,而且第一个星期要干什么应具体些,每天干什么应当更加具体些。这样把一项较大的任务,分配到每周、每天去完成,使长计划中的任务逐步得到实现。订长计划,要在具体完成学习任务时有明确的目的。有长计划,没短安排,长计划要实现的目标不容易达到。所以,有长计划,还要有短安排。长计划是明确学习目标,大致安排;短安排是具体的行动计划。

8. 要突出重点,不要平均使用力量。

学习时间是有限的,学习内容是无限的,所以必须要有重点,要保证重点,兼顾一般。所谓重点,一是指自己学习中的弱科;二是指知识体系中的重点内容。订计划时,一定要集中时间,集中精力来攻下重点。

9. 计划要留有余地。

计划终归不是现实,只是一种可能性。把计划变成现实,还要经过一段较长的努力过程,在这个过程中会遇到千变万化的情况,所以制订计划不要太满、太死、太紧,要留出机动时间,使计划有一定的机动性,这样完成计划的可能性就增大了。

10. 提高学习时间的利用率。

早晨或晚上,或一天学习的开头和结尾的时间,可以安排着重记忆的科目,如外语;心情比较愉快,注意力比较集中,时间较完整时,可以安排比较枯燥,或自己不太喜欢的科目;零星的、注意力不易集中的时间,可以安排做习题和自己最感兴趣的学科。这样可以提高时间利用率。

11. 严格执行计划。

任何计划如果不执行都等于空话。计划最重要的是执行。许多学生在执行计划过程中都喜欢打折扣,讨价还价,并寻找各种理由、借口,为自己不能遵守计划开脱,如:千方百计多睡一会儿,少读一会儿,多玩一会儿等等。在良好习惯还没有养成之前,这些惰性行为的反作用力是很大的。因此,要特别强调执行计划,要严格、要坚决、不能三心二意,不得擅自更改。如果执行中发现有不适应之处,首先要考虑如何改变自己的习惯做法或提高自身的意志力,其次才考虑如何改变计划。

学习6. 让网络成为学习的帮手

　　互联网信息时代的来临,拉近了空间的距离,网络的大容量、互动性、隐秘性、易检索的特点深受中小学生的喜爱。如今,网络已成为中小学生学习知识、交流思想、休闲娱乐的重要平台。但网络是把"双刃剑",网络虚拟世界带给人们尤其是未成年人的不良影响也是不容忽视的。当代中小学生的主要娱乐方式之一是上网。这一娱乐方式带来了很多问题,由于沉迷网络,当代中小学生与人面对面的沟通交流能力弱化了,再加上网络上不良信息的影响,给中小学生的身心健康带来很大问题,有些学生更是由于沉迷网络而中途辍学,断送了自己的未来。

百汇园

[案例一]

　　小明是一所中学九年级的学生。七年级下学期,他的脸上就架上了一副眼镜。据小明的爸爸回忆,小明刚配眼镜时,左眼和右眼都是250度左右,但前段时间因为小明老念叨着看不清黑板上的字,爸爸就带着他到眼镜店,一验光才发现,他左眼近视450度、右眼570度,一年多时间视力就下降这么多,这可把小明的爸爸吓坏了。他带着小明到医院一问医生,才知道都是网络惹的祸。小明的爸爸说,儿子升上中学后,他就给儿子买了一台电脑。但从那以后小明经常是一没事就上网,一上就是几个小时。

[案例二]

　　在很多年前的一天,一位品学兼优的中学生离开了人间,他不是像雷锋那样英雄的死了,而是因为玩网络游戏而猝死的。在学校放学后,本来打算回家的小俊在回家的路上碰见了自己的同班同学,那些同学知道小俊是一个乖孩子,但是,小俊家非常有钱,如果小俊去的话,他们就可以多玩几分钟了。他们上前问小俊,去不去网吧,小俊根本不知道什么是网吧,所以不想去,可是在同学的"熏陶"下,小俊去了,他去过网吧一次就觉得这里真好玩,所以每天一放学就去,有时还逃课。小俊的学习直线下降,他却不管,只知道他要"升级",他的爸爸妈妈也没有时间管他。突然有一天,小俊在网吧有点头痛,后来痛得厉害,再后来小俊就昏死过去了,永远没有再醒来……

[案例三]

有位老奶奶,她的孙子不见了,她去了许多地方,也求一些好心人帮助过,可就是找不到。当她绝望时,有位好心人想出了一个办法:现在许多人不都会上网嘛,他们把这件事情和老奶奶孙子的照片传到网上去,说不定有人会知道或碰见呢!老奶奶同意了,他们把这件事情和老奶奶的孙子的照片传上网络后几个月,有一天一个人打来电话,说他见过这个孩子,现在老奶奶的孩子在那个人的家里,他想知道老奶奶在哪儿,把孩子送回去,所以打了这个电话。过了几天,那个人带着老奶奶的孙子来了,老奶奶开心极了!同学们你们瞧,网络可以让失散的家庭重新团聚在一起,网络是多么的好啊!

问津园

案例一与案例二让我们看到一部分中小学生通宵达旦地上网造成视力下降,坐姿不端的后果。由于玩游戏时精力高度集中,致使心跳加快,血压升高,精力消耗很大。一些中小学生沉迷于网络,终日出入于网吧,网吧大多为密闭环境,空气混浊,环境条件极差,严重影响着学生的身体健康和学习。中小学生一旦迷上网游便会产生很强的心理依赖,不上网时他们会沉默寡言,眼神呆滞,根本无心学习。而且脾气变得暴躁易怒,经常无缘无故与人发生口角,甚至产生暴力倾向。像案例二中的小俊更是让我们感慨万分。

案例三让我们看到网络作为一种沟通工具,只要能够合理利用,它还是极其有用的。

在日常的学习或生活中,你可能会遇到一些事情需要进行研究,研究过程中,互联网是你最佳的搭档和助手,通过它,你可以查询到相关事件。

智慧园

计算机网络渐渐普及。我们家中有电脑,学校也开设电脑信息课。作为学生,网络确实给我们带来了不少好处。比如:我们现在查阅资料更加方便,在网络中就可以获取世界各地的最新消息,让我们娱乐放松,等等。总之,网络可以拓宽视野,扩大知识面,是我们接触世界、认知世界的重要渠道。

但是网络对青少年的不良影响也不容忽视。一些学生自制力比较差,经常玩着玩着就上了瘾,晚上不睡觉,上课打瞌睡,时间一长,沦为网络游戏的"奴隶",把自己的主业——学习忘到九霄云外去了。网络电子游戏已成为学生分心、家长担心、教师烦心、学校忧心的"洪水猛兽"。

网络既然有利有害,怎样才能让网络更好地为我们服务呢?

1.加强自我监督,不浏览不良信息。

要说明的是,网络只是一个工具,只对那些有学习动力、知道正确运用它的人有用。当学生面对这些五光十色的网络信息时,由于年龄较小,辨别是非的能力又较差,很容易受其中一些不良信息的影响。如果被不良的思想腐蚀,就会深受毒害,不能自拔,小则分散注意力,影响学习;大则损害身心健康。

2. 网上学习一定要有很强的目的性。

明确每次上网的目的,如为了查找学习资料、发邮件、看新闻报道、娱乐等要控制自己使用网络的时间。在不影响自己正常生活、学习的情况下使用网络。最好平时用较少的时间进行网络通信等,在节假日可集中使用。

3. 学会快速浏览,并能及时发现有价值的信息。

置身于网络时代的信息海洋,互联网给我们带来了收集信息的无限空间。

查找收集那些与你的学习、工作和生活密切相关的问题,也就是你所感兴趣的问题。搜集那些与你感兴趣的问题相关的素材,并对它们进行合理的分类和裁剪,形成自己独有的知识体系,它不仅保存在电脑的存储器中,也已保存在你的大脑中了。

4. 将合理利用网络资源与提高学习效率有机结合。

我们要认识到网络是一个博大丰富的学习资源平台,将合理利用网络与提高学习效率结合起来。如今网上学习、资源下载,名师网上答疑等网络学习形式多样,我们也可以参与自己的校园网络,在网上浏览学习心得,通过论坛发表文明的观点,交流健康的思想,制作网页,展现自我风采,以此丰富课余生活。

5. 不热衷于网络游戏,注意网络安全。

如今的网络游戏铺天盖地,如果不加以自控,则会深受其害。

约束自己无休无止玩游戏的倾向,平时每天玩游戏最好不超过一节课的时间,周末、节假日每天最好也不要超过3小时,还要注意每隔40分钟左右要停下来到户外活动活动。

注意网络安全要做到"五不"。

（1）不告诉网上的人关于你自己和家里的事情。网上遇见的人都是陌生人。所以你千万不可以随便把家里的地址、电话、你的学校和班级、家庭经济状况等个人信息告诉你在网上结识的人，除非经过父母的同意。

（2）不与在网上结识的人约见。当你单独在家时，不要允许网上认识的朋友来访问你。如果你认为非常有必要见面的话，一定要告诉家中的大人并得到他们的允许，见面的地点一定要在公共场所。并且要有父母或好朋友（年龄较大的朋友）陪同。

（3）不打开陌生的邮件。如果你收到并不认识的人发给你的电子邮件，或者让你感到奇怪、有不明附件的电子邮件，不要打开，不要回信，也不要将附件储存下来。请你立即将它删除，因为它可能是对计算机有害的病毒。

（4）密码只属于你一个人。不要把自己在网络上使用的名称、密码（比如上网的密码和电子邮箱的密码）告诉网友。另外，请你知道，任何网站的网络管理员都不会打电话或发电子邮件来询问你的密码。不论别人用什么方式来问你的密码，你都不要告诉他。

（5）不要轻易相信网上的人讲的话。任何人在网上都可能告诉你一个假名字，或改变年龄、性别等。你在网上读到的信息有的可能不是真的。

第四章　实践是通往成功的道路

学习 1. 多看多听多收集

测试:你以哪种方式接受信息的效果最好?

相对于听别人读,你是否更习惯于自己看,还是经常从别人那里获取信息?

你是不是总能记住别人的脸?

你是不是更喜欢使用地图而不是听取别人的口头指路?

你是否注意整理仪表?

你是第一个走向活动挂图并以示意图来说明问题的人吗?

如果你对以上这些问题的多数回答为"是",那么你很可能最依赖于你的眼睛接受信息。

你是否会重复发言人所说的话或者在别人对你说话时猛点头?

你是否喜欢听音乐和广播?

你是不是总能记住别人的名字?

你是否喜欢听取语言指示?

你是否喜欢讲笑话,喜欢在解决问题时展开辩论?

你是否喜欢用电话?

如果你对这些问题的回答多数为"是"，那么你很可能最依赖于你的耳朵接受信息。

你是否有收集邮票、硬币、标本的爱好？

你是否希望在户外学习？

你是否善于记住发生过的事而不是某人的姓名或脸？

你是不是更善于用已有的知识进行归纳概括？

如果你对这些问题的回答多数为"是"，那么你很可能是在依赖于你接受的信息去思考、总结。

百汇园

[案例一]

相关调查显示，当被问到课余时间主要做些什么时，无论是小学生还是中学生均有超过八成的人回答是"看电视"，而且每天花 100 分钟看电视的中小学生最为普遍。在被问及自己最喜爱的媒体的时候，大多数的中小学生选择了电视，而只有少数人选择了书籍。没有权威的调查报告能提供现在中小学生每天看电视到底要花费多少时间，但只要根据我们所接触到的学生情况估测，恐怕平均每天不会低于半小时，而如果考虑一些学生整日整夜地守在电视机前度过他们的大多数节假日这一因素，是远不止这半小时的——甚至很有可能达到 1 小时以上。依此粗略推算，中小学 12 年的学生时代平均看电视的时间估计不会少于 5 000 小时，这与有人统计的一个大学生取得学士学位所需要的时间相等。而有人统计，一般情况下，花上 2 000 小时就可以基本掌握一门外语——也就是说，光看电视的时间就可以让我们学会两种外语。

[案例二]

江伟就是这么个有心人,他除了爱读书看报外,还特别留意广播、电视和网络等现代化工具。这个习惯使得他词汇丰富、思路开阔、分析能力也强,在班上是学习的佼佼者。其实这些功夫都是平常练出来的。

[案例三]

在一个普通家庭里,年轻的父母非常支持自己的儿子接触网络,而孩子的奶奶则认为传统的阅读方式对孩子长远发展更加有好处。两代人为此争执不下,尽管孩子的奶奶趁着儿子儿媳度假的机会教孙子读书,最终她发现做的都是无用功——在父母的影响下,孩子对电脑的兴趣远比对书籍的兴趣要大得多。

[案例四]

某市一家报亭中,除了报纸外,各式漫画书、时尚杂志等将小小的报亭摆得满满的。这家报亭离一所小学很近,报亭的老板说,一些小 16 开的漫画书,一些动漫作品,都卖得很好。"很多是小学生和初中生都爱看的。有些比较受欢迎的,每出一期新的都能卖掉 30 多本吧。很多小孩追着看,每本都不落下,隔了一段时间就来问书出了没有。"而另外一家距离学校较远的报亭的老板说:"因为报摊不在学校附近,漫画书生意不如学校附近的好,但会有一些小学生,为了找某本新出的漫画一路问过来,说别的地方都卖光了。"

说起漫画书,家长们都很有怨气。"就像那些香喷喷的垃圾食品,吃时觉得味道很好,但只是一时的刺激,没有丝毫营养。"一位家长这样描述。

问津园

案例一告诉我们电视已成为中小学生的"课外老师"。中小学生的课余时间的大部分"领地"被电视占据。

电视作为20世纪最伟大的发明之一,使人类的生活发生了深刻的变化。重大新闻、精彩赛事、艺术休闲、异域风情……毋庸置疑,在当今的大众传媒格局中,电视凭借其声画兼备的优势,在社会中的地位和影响已远远超过了报纸、广播、期刊。电视成为人们充实自己、了解世界的窗口,使人们足不出户,便尽知天下事。作为当今世界最强有力的传媒之一,电视在人们的生活中不可或缺。而对于中小学生来说,他们更是电视的"铁杆粉丝"。

案例二中的江伟通过多种途径收集信息,不仅帮助了他的学习而且使他的课外生活丰富有趣。同学们,只要我们能合理地利用广播、电视和网络等这些现代工具,不仅可以增强我们的记忆力,而且能够提高自己的语言文字能力,逐步培养我们的想象力。

案例三说明网络已成为人们现代生活的一部分。尤其是中小学生,他们对网络所产生的兴趣已远远超过传统书本。这是因为:第一,网络内容丰富,涵盖面广,相关信息丰富。电脑等数字载体的存储空间所能承载的信息量是纸质载体无法比拟的,网络的连通又使不同国家、不同地域的主机之间能够跨越时空限制而互通信息,使网络形成一个巨大的信息资源数据库,所以它会以几何级递增的态势,向中小学生呈现越来越多的信息。

第二,网络能够带给中小学生多重的体验。网络集文字、图片、图像、影像、色彩、声音等于一体,其文字的、图片的、声音的、静态的、动态的内容,形成了一个变化无穷、丰富多彩的世界,带给学生多重的感官刺激和更真切、更形象的体验。

案例四体现了中小学生迷恋漫画的问题,事实上,有很多漫画书的内容并不适合中小学生阅读。大多数的漫画纯粹是言情漫画,中小学生,尤其是对于正处于花季年龄的中学生来说,容易沉迷在虚构的风花雪月之中难以自拔;另外一些漫画是格斗式的,暴力情节比较严重,容易被中小学生模仿而造成不良影响。

另外,漫画"重读图,轻读文",长此以往可能会影响学生思维的逻辑性和理解力的发展。

智慧园

随着社会的进步,学习知识也由原来的传统学习方法向充分利用现代化工具的方向发展了。除了传统的纸质媒介,比如书、报外,我们还可以利用现代化工具,比如通过电视、网络等等学到更多的知识。

那么,我们应该通过哪些途径来多听多看多收集呢?

1. 读书时运用摘录法。

遇到一些精彩的片段和语句、出色的标题、有用的数据等,不方便剪下的,可以抄在笔记本或卡片上。摘录时要注明出处,以便日后查对。

2. 看报纸的时候运用剪贴法。

把报纸上有用的内容剪下来,然后贴在一个大笔记本上,一段时间下来,就相当于给自己编了一本资料手册。这本资料手册的价值大小完全取决于你的"侦察眼光",取决于你能否快速识别眼前资料的价值,并能否准确分类。当然,这个价值是对你个人而言的,那些自己感兴趣的、对学习和生活有帮助的无疑就是有用的资料。

3. 看电视时,利用电视讲座。

你平时不是很喜欢看电视吗？当你对书本知识、教科书等等比较枯燥乏味的知识没有兴趣的时候,不妨合理地利用电视讲座来学习。在电视里学习知识,就好像在码头上有领航人一样,能带领你顺利进入状态。

4.利用网络学习。

网络上的信息汗牛充栋,需要的资料完全可以从网上下载。首先,找到一个搜索引擎,然后在搜索框中输入关键词,再按一下回车键就可以了。很快,屏幕上就会逐条列出与关键词有关的大量信息,从中找到你需要的信息,然后就可以下载。下载下来的内容分类存储到电脑的文件夹中。要是怕电脑突然损坏而丢失重要信息。可以把信息刻录在光盘里,或存在 U 盘里。

另外,听广播、和别人聊天,都是收集信息的途径。它们都很有趣,不信你就试试看,坚持一段时间,你会发现,你的头脑也灵活起来了。

现在,学习的内容是如此宽广,学习方式是如此有趣。我们尽可在知识的海洋里畅快遨游。在人生路上,珍惜每个可能的知识积累的机会,不断提高,不断进步。

学习 2. 学会独立地处理问题

在学校,我们时常能看到几个学生凑在一起娱乐嬉戏,这其中一定有一到两个"灵魂"人物,他们的依赖性较小,而其他几个学生的依赖性则较强。依赖性强的学生喜欢和独立性强的同学交朋友,希望在他们那里找到依靠,找到寄托。学习上,喜欢让老师给予细心指导。时时提出要求,否则,他们就像断了线的风筝,没有着落,茫然不知所措。在家里,一切都听父母安排,甚至连穿什么衣服都没有自己的主张和看法。一旦失去了可以依赖的人,他们常常会不知所措。

百汇园

[案例一]

某中学生小雅生活在一个大城市,爸妈平时对她照顾得无微不至,但她想独自生活一天试试,没想到爸妈同意了。送走爸妈后,她靠在沙发上看电视,结果迷迷糊糊睡着了,醒来后又饿又冷,一个劲地流鼻涕。

[案例二]

招聘会上,一位60多岁的老母亲填了60多份应聘表,所做的一切都是为了26岁的儿子。此时,儿子却在家"赋闲",睡觉、上网聊天,不愿走出家门,迈进社会。

[案例三]

1992年秋,出生才30多天的彩金便被养父母抱养,因养母早年患病致残,一家三口日子过得十分清贫。

2003年初,养父彭某因摔跤瘫痪在床,当时年仅 11 岁的小彩金包揽了家里做饭、洗衣等所有活儿。

因为没钱,她还学会了配制药水为养父打针。就这样一边认真学习,一边细心照料养父母,一直到二老都安然辞世。

问津园

案例一中的小雅连最基本的生活自理能力都没有,不具备独立生活的能力。

父母无微不至的照顾,使小雅产生强烈的依赖性。由于她得不到锻炼自己的机会,动手能力差根本不知道要如何生活。

案例二中的儿子连适应社会的事情都让老母亲代劳,自己坐享其成,依赖性强。他注定是一个无所作为的人。像这样一个贪图安逸、懒惰的人,肯定不能独立担当工作,遇到一点的难处、不顺利肯定不能坚强面对。

案例三中的小彩金在现实生活中遭遇了种种挫折,由她的表现来看,她在实践中锻炼着自己。

生活不是平坦大道,在社会生活中有着各种各样的困难,没有经过实践锻炼,是不可能处理好生活当中的实际问题的。

要想独立面对生活,就要投身于实践,自己亲自去品尝生活的滋味。生活经验不是从书中得来,而是从实践中积累的。

人会在对别人的依赖中迷失自己。依赖的产生同父母过分照顾或过分专制有关。对子女过度保护的家长,一切为子女代劳,他们给予子女的都是现成的东西,孩子头脑中没有问题,没有矛盾,没有解决问题的方法,自然时时处处依靠父母。对子女过度专制的家长一味否定孩子的思想,时间一长,孩子容易形成"父母对,自己错"的思维模式,走上社会也觉得"别人对,自己错"。这两种教育方式都剥夺了子女独立思考、独立行动、增长能力、增长经验的机会,妨碍了子女独立性的发展。

所以,我们从本身的教育或受教育方式上也应该反思:有没有一些消极因素正在让我们不自觉地迷失自己。

智慧园

同学们,我们千万不能像"小公主""小皇帝"一样,过着衣来伸手,饭来张口的生活。小时候父母包办过多,孩子很少独立行动,连吃饭、穿衣及日常起居都没有较早地自己处理而让别人侍候,总是绕着妈妈的围裙转,不敢离开半步,于是直接形成了依赖心理,形成了惰性。

那么,我们怎样做才能摆脱这种依赖心理、惰性,从而培养自己独立能力呢?

1.克服依赖的心理。

依赖心理主要表现为缺乏信心,放弃了对自己行为的支配权,没有主见。总觉得自己能力不足,甘愿置身于从属地位;总认为个人难以独立,时常祈求他人的帮助;处事优柔寡断,遇事希望父母或师长为自己作决定。具有依赖性格的小学生,如果得不到及时纠正,发展下去有可能形成依赖型人格障碍。当依赖性过强的人需要独立时,可能对正常的生活、工作都感到很吃力,内心缺乏安全感,时常感到恐惧、焦虑、担心,很容易产生焦虑和抑郁等情绪,影响身心健康。

要克服依赖心理,可从以下几个方面出发:

第一:要充分认识到依赖心理的危害。要纠正平时养成的习惯,提高自己的动手能力,多向独立性强的同学学习,不要什么事情都指望别人。遇到问题要做出属于自己的选择和判断,加强自主性和创造性。学会独立地思考问题,独立的人格要求独立的思维能力。

第二:要在生活中树立行动的勇气,恢复自信心。自己能做的事一定要自己做,自己没做过的事要试着自己去做,正确地评价自己。

第三:丰富自己的生活内容,培养独立的生活能力。在学校中主动要求担任一些班级工作,以增强主人翁的意识。尽量使我们有机会去面对问题,能够独立地拿主意、想办法,增强自己独立的信心。在家里,自己该干的事要自己去干,如穿衣、洗碗、打扫卫生等,不要什么都推给爸爸妈妈,做个"小地主"。在学校,除了学习外,要多参加集体活动,学会去帮助他人。

第四:多向独立性强的同学学习。多与独立性较强的同学交往,观察他们是如何独立处理自己的一些问题的,向他们学习。同伴良好的榜样作用可以激发我们的独立意识。

2. 在生活上学会自理。

我们要从现在开始,自己的衣服自己洗,父母工作忙的时候,要学会自己做饭。生活中的点点滴滴,都可以当作锻炼自己自理能力的机会。只有这样,你才能更好地掌握自理的本领,将来外出求学,走向社会,就不会依赖别人,就能自己照顾自己。

同学们,从现在开始,动手照顾我们自己的生活吧,洗衣服、做饭、整理自己的房间等等。

3. 管理好自己的情绪。

遇到不如意或遭遇突发事件时,中学生往往会表现出情绪不稳定,或者是大喜大悲,或者是做事不顾后果,容易冲动等情况。而善于自我管理的学生就知道情绪是怎么回事,情绪的体验是什么,应该怎样去正确释放自己的情绪等。

(1)正确对待与他人的摩擦。

有些学生喜欢骂人、说脏话。他们虽然知道骂人、说脏话是不对的,自己在骂人、说脏话以后也常常后悔,但是由于已经习以为常,所以总无法控制住。许多学生骂人其实是对自己受到伤害的一种情感宣泄。例如:东西被他人偷走,自己被他人踩了一脚等等。要想真正地控制情绪,就要以平和的心态看待与他人之间的摩擦,学会宽容他人的过失。

(2)和父母达成一个协议。

我们可以和父母达成一种协议,当我们气愤、想发泄时,父母用某种事先约定好的语言或目光暗示我们,让我们及时冷静地想一想,考虑如何文明地表达自己的意思,从而改掉不文明的语言习惯。

4.控制自己的行为。

(1)学生一定要有自制能力。

能不能控制自己的行为是非常重要的。一个学生如果没有自我控制能力,就会盲目行事,很难干好与自己的发展密切相关的事情。例如:一名学生成绩很好,但由于迷上了电子游戏,便整天泡在电子游戏机室里打电子游戏,如此一发不可收拾,从而耽误了功课,学习成绩每况愈下,最后每门功课都不及格。

(2)在日常生活中养成自制的习惯。

养成自制习惯的方法很多。比方说,可以把古今中外严于律己的名人作为自己的榜样;可以针对自己的实际情况,选择相关的名言、警句、信条、格言作为自己的座右铭;还可以用写日记的方法,把每天发生的事情记下来,看今天自己做到自制了没有。

另外,你也可以在日常生活中锻炼自己的自制能力,比如:坚持做完作业再去和朋友们玩;坚持洗脸刷牙后再睡觉等等。

5.主动地帮父母做家务。

做家务是培养我们动手能力和劳动习惯最好的方式。虽然小学生的力量有限,但我们依然可以从一些小事做起,比如说一些细微的手指运动,如择菜、剥玉米、剥蒜等,既让我们学会了家务劳动,又有助于我们智力的发展。自己叠被、穿衣服、洗手、洗脸、倒水、刷碗、收拾房间、洗袜子、拿牛奶、买东西,甚至自己做早点等,这些可以增强我们的独立意识,有助于我们的身心健康。

6.要学会给自己作计划。

事实上,做事有计划对于一个人来说,不仅是一种做事的习惯,更重要的是反映了他的做事态度,这是能否取得成就的重要因素。对于学生来说,做事有计划同样是非常重要的。

(1)在日常生活中养成有计划的习惯。

许多学生都有早晨起床找不到袜子、学习用品或者生活用品的现象,这便是做事缺乏计划性使然。做事情没有计划是儿童时期的一种自然反应,但是,如果自己不加以注意,长期下去往往会养成不良的习惯,从而给自己的学习生活带来麻烦。

对于学生来说,做事有计划是非常重要的。它可以帮助我们有条不紊地处理应该处理的事情而不会手忙脚乱。做事没有计划的人,他将无法很好地料理自己的生活,也无法很好地进行学习和工作。在走向成功的道路上,做事没有计划的孩子将会比其他人走得更辛苦。

(2)做事要有条有理。

在日常生活中,不管做什么,自己要尽量做到有条有理。例如,房间摆设井井有条;用过的东西放回原处,以免需要的时候找不到;晚上睡觉之前,整理好书包、准备好第二天要穿的衣服等。这些都可以帮助我们养成做事有条理的好习惯。

学习 3. 学会使用工具书

生字和生词常常成为中小学生阅读的"拦路虎"。当遇到这些"拦路虎"时，就需要工具书——字典、词典来帮忙。字典是中小学生"无声的老师"。用好工具书，是中小学生一生的财富。

百汇园

[案例一]

从前，有个人给了他两个儿子每人一把锈了的柴刀，让他们去山上砍柴。一个儿子马上上山，到了山上就开始干了起来，十分卖力；另一个儿子却跑到邻居家借来了磨刀石，开始磨刀，等到刀磨好了，他才上山。等到太阳下山的时候，两个人都回来了，先砍柴的扛回了一小担柴，先磨刀的则扛回了一大担柴。父亲就问打柴多的儿子，你没有先上山，怎么砍的柴比先砍的多呢？他回答说，磨刀不误砍柴工啊，刀没磨快，怎么能很快地砍柴呢？

[案例二]

一个同学在读书的时候碰到这样一个句子："杨国忠和李林甫沆瀣一气，狼狈为奸，妄图篡夺大唐政权。"其中"沆瀣一气"这个成语，既不知道怎样读，也不懂它是什么意思。另一位同学看了推测说："'沆''瀣'二字都有'氵'的偏旁，可能指的是两种脏水，'沆瀣一气'也许是说两种脏水散发了一样的臭气。"他们拿不准，跑去问老师，老师从书架上拿出《汉语成语小词典》，唰唰地翻了几下，马上找到了这个成语，一看注释，原来

"沆"念"hàng","瀣"念"xiè",是两个古人的名字,说的是唐朝有个参加科举考试的考生叫崔瀣,文章写得非常拙劣,但是偏偏碰上了一个叫崔沆的糊涂考官,崔瀣竟然被录取了。当时有人嘲笑说:"座主门生,沆瀣一气",于是"沆瀣一气"就成了一个成语,用来比喻反面人物之间臭味相投。看了这个解释,两位同学恍然大悟,齐声感谢老师。老师指指手中的词典,笑笑说:"该谢的不是我,你们倒要谢谢这位无声的老师啊。"

问津园

案例一的故事说准备好了工具,做事情才可以事半功倍。

儒家学派的创始人孔子说:"工欲善其事,必先利其器。"意思就是说,若想达到目标,必须有锐利的工具。字典、词典之所以被称为工具书,就是因为它们是我们阅读中的"利器"。

案例二告诉我们"工具书是无声的老师",这句话一点也不过分。阅读中不光是碰到难解的词语、典故可以去查工具书,就是碰到不知道的人名、地名、事件、典章制度、年代等等,都可以通过查阅工具书来弄清楚。

智慧园

在阅读中,中小学生经常会遇到生僻的字、词语和不了解的人物,这时要及时查阅字典、词典,及时地扫清阅读障碍,必要的话,要将查到的词条抄录下来,标注在生词的旁边,这对于中小学生积累生字、生词和其他知识都是很有好处的。中小学生通过查阅工具书,还能纠正一些容易写错的字。如,"披星戴月"的"戴"不能写成"带";"出尔反尔"的"尔"不能写成"而"。

在阅读和写作过程中,学会使用有关工具书,不但能够使中小学生的文字表达规范化,而且能使他们掌握多方面的知识。任何一本工具书对相关字词的解释都是比较全面的,有些词语的解释很有意思,涉及很多人文和历史典故,能够增长中小学生的见识。

那么,我们怎样才能利用好工具书呢?

1. 了解常用工具书的种类。

字典的主要功能是查字,比如《新华字典》;词典的主要功能是查词语,比如《现代汉语词典》。这些工具书提供字词的形、音、义及其使用方法。中学生常备的语文工具书有以下几种:《新华字典》,它是我国目前最通行的一部小型普通字典,共收单字 8 500 个左右,收录带注解的词、词组 3 200 条。标音精确,注释简明,一般字词的音形、义在这里都可以查到。

《汉语成语小词典》,这是一部小型的成语词典,共收成语典故 3 000 多条,每条成语都做了解释,并举例说明了用法,有些典故还注明了原始出处。这部成语小词典对于正确理解和使用成语有很大作用。

《现代汉语词典》是一部记录现代汉语词汇的中型词典。收录字词、词组、成语 6 900 多条(第 7 版)。现代汉语的词汇和注释都可以在这里查到。

除此之外,还有许多大型的和专用的工具书,如大型综合性工具书《辞海》,共收单字 17 523 个,包括各学科名词术语和普通词语 105 000 多条,各科知识都可以在这里查到。又如专供阅读古籍使用的大型工具书《资政古鉴》,专收古汉语词汇和有关文史方面的词条,古文中的字、词和古代文化知识几乎都可以在这里查到。还有许多专用的文科工具书如《中国人名大词典》、《中国地名大辞典》、《诗词曲词语汇释》、《小说词语汇释》等等,这些工具书自己一般难以齐备,在有条件的地方,可以到资料室或图书馆去查阅。

2. 挑选适合自己的工具书。

我们在准备工具书的时候,要考虑自己的实际情况。像《新华字典》《现代汉语词典》等,这些是经常要用到的,我们应该准备好。其他专业性较强的工具书,对于我们来说,暂时还用不上。

3. 掌握工具书的使用方法。

查检工具书有两种基本方法。一种是部首检字法;一种是汉语拼音检字法。

根据汉字的形体结构,许多汉字有相同的部位,这相同的部位叫部首,如"沆""灂"二字相的部位是"氵",就以"氵"作为部首,将所有"氵"旁的字都归到这个部首之下。再按除部首之外的笔画多少为顺序排列起来。

查找某一个字时,先确定和找到它的部首,再根据笔划数找到这个字和它所在的页码,就能查到这个字的注释。部首检字法的不足之处是:有时只知道字音不知道写法,就不能查到这个字。还有的时候,一个字包含几个部首,不知查哪一个好。如"问"是查"门"部还是查"口"部?"字"是查"宀"部还是查"子"部?碰到这种情况可以两个部首都查查。

根据汉字的读音,可以把所有的汉字按汉语拼音方案规定的26个字母的次序排列起来,排法是先按汉字拼音的第一个字母的次序排列,第一个字母相同的按第二个字母顺序排列,以此类推,字音相同的按声调排列。查字时,先确定该字的汉语拼音,然后按字母顺序找到这一读音所在页数,从而找到这个字和注释。这种检字法的缺点是:如果读不准字音,或不知道字的读音就不好查找。部首检字法和汉语拼音检字法各有优缺点,可以互相补充,因此新出版的工具书都兼用这两种方法。

如果是在字不明、义不清的时候我们最便捷的方法就是查字典。在此,也让我们一起掌握一些查字典的常用方法。

(1)音序查字法。

这种方法简单易学。只要中小学生能熟练掌握汉语拼音的拼法,就可以查字典了。如果我们只知道某个字的读音,还想知道这个字的写法和字义时,就可以采用音序查字法。如想查"父母"的"母"字怎么写,可根据它的读音,先从"汉语拼音音节索引"中找到 m 的大写字母"M",再查"u"这个音节,看清它右边标明的页码是哪一页,然后按照页码在字典正文部分的这一页找到"u"这个音节,再按音节的声调顺序找,就可以找到"母"字。

(2)部首查字法。

这种方法也很简单,如果我们知道某一个字的字形,还想知道这个字的读音和字义时,就可以采用部首查字法。如查"请"字,先确定它的部首是"讠",按"讠"的笔画数在"部首目录"中找到"讠"部的页码,然后根据部首页码,在"查字表"里找到"讠"部,把要查的"请"字除去"讠"部,按照"青"的笔画数,在"讠"部八画中找出"请"字的页码,再翻到字典正文的此页就可查到"请"字。这样就可以知道这个字的读音和字意了。

（3）数笔画查字法。

这种方法我们平时不常用到,但是中小学生也应该掌握。如果我们知道某一个字的字形,还想知道这个字的读音和字义,但是很难判定这个字(这些字一般都是独体字和难检字)的部首时,就可以采用数笔画查字法。如查"凸"字,首先要数一数它有几画,数过之后知道它一共有5画,然后在"难检字笔画索引"五画中找出"凸"字的页码,再翻到字典正文的此页就可查到了。

4. 学会利用学校的图书馆。

在设有图书馆的学校,同学们还要懂得怎样利用图书馆借到自己所需要的书刊。在图书馆里一般都设有图书目录柜。把所藏图书分类制成目录卡片,装在里面,读者借书时先查目录,然后把要借的图书的名字和号码填入借书单。管理员根据借书单帮你找到要借的书。图书目录有许多种。一种是书名目录,是依据书名第一个字的笔画或汉语拼音字母排列的。当你需要一本自己知道书名的图书时,可以查书名目录。还有一种是作者目录,是按作者名字的笔画或汉语拼音字母排列的,如果你想借某个作者的什么书,只要查到他的名字,就可以找到他所有著作的名称了。还有一种是分类目录,是依据书的内容。分门别类编排的。比如你要关于古典文学方面的书,就可以在分类目录古典文学类里找到有关书籍的名字。

学习 4. 学会把握细节

中国道家学派创始人老子有句名言："天下大事必作于细，天下难事必作于易。"意思是做大事必须从小事开始，天下的难事必定从容易的做起。把简单的事做好就是不简单。"泰山不拒细壤，故能成其高；江海不择细流，故能就其深。"所以，大礼不辞小让，细节决定成败。

百汇园

[案例一]

父亲带三个孩子到沙漠去猎杀骆驼，他们到达了目的地，父亲问老大："你看到了什么？"老大回答："我看到了猎枪、骆驼和一望无际的沙漠。"父亲摇摇头说："不对"，父亲以相同的问题问老二。老二回答："我看到了父亲、大哥、弟弟、猎枪、骆驼和沙漠。"父亲又摇摇头说："不对"。父亲以相同的问题问老三。老三回答："我只看到了骆驼。"父亲高兴地说答对了。

[案例二]

年纪轻轻的小王创业之初，米店生意冷清，经过细心观察发现，原来那些规模较大的老字号米店拥有一些固定的顾客群，小王决定背米挨家挨户上门推销，可是一天下来大米也没卖多少。一位邻居上门来买米，见小王放在角落里的一袋米十分干净，于是指着这袋米说："这袋米看起来很干净啊，我就要这袋了"。"如果你把所有的米都弄成像给自己吃的米一样，还愁生意不好做吗？"

邻居的一句话,让小王豁然开朗! 王永庆立刻把米挑干净再卖。一传十、十传百,米店生意也一天比一天好起来。于是,小王一改其他米店的传统,提供"送米到府"的配送服务。无论天气好坏,无论路程远近,只要顾客一声召唤,他立即免费送米到户。

从这件事上,小王悟出了一个道理,那就是无论做什么生意,都要当成是做给自己的,只有把顾客放到自己的位置上,才有可能做得更好。

[案例三]

1485 年,当时的英国国王到波斯沃斯征讨与自己争夺王位的里奇蒙德伯爵。决战马上就要开始了,战斗双方剑拔弩张。他们都知道胜败将在此一举,他们当中总有一方要戴上大英帝国的王冠。决战开始的前一天,国王责令全军将士都要严整军事,并且要把所有的战斗工具调整到最好的状态,比如,确保足够的盾牌和长矛数量,让自己的钢刀更加锋利,以及使自己的战马更加勇往直前等。一位叫作杰克的毛头小伙子在这场战役中担任国王的御用马夫。他牵着国王最钟爱的战马来到了铁匠铺里,要求铁匠为这匹屡建奇功的战马钉上马掌。

钉马掌只是一件小活儿,却因最近战事频繁,铁匠铺的生意都好得不得了,所以铁匠对这个年轻的马夫有些怠慢。身为国王的马夫,杰克当然容不得对方的这种轻视态度,于是他端着架子对铁匠说:"你知道这匹马的主人是谁吗? 你知道这匹战马将要立下怎样的战功吗? 告诉你,这可是国王的战马,明天国王就要骑着它打败里奇蒙德伯爵。"铁匠再也不敢怠慢眼前的小马夫了,他把马牵到棚子里开始为马钉马掌。

钉马掌的工作其实很简单,这个技艺娴熟的铁匠不知道已经为多少战马钉过马掌了。但是今天,就在为国王的御用战马钉马掌的这一刻,他却感到了为难,原来他手中的铁片不够了。于是他告诉马夫需要等一会儿,自己要到仓库中寻找一些能用于钉马掌的铁片。可是马夫杰克却很不耐烦,他说:"我可没有那么多时间等你,里奇蒙德伯爵率领的军队正在一步一步地向我们逼进,耽误了战斗,无论是你还是我都承担不起责任。"看到铁匠愁眉苦脸的样子,他又说:"你可以随便找其他一些东西来代替那种铁片吗?难道在你若大个铁匠铺里就找不到这样一些东西吗?"杰克的话提醒了铁匠,他找到一根铁条,当铁条被横截之后,正好可以当成铁片用。

铁匠将这些铁片一一钉在了战马的脚掌上,可是当他钉完第三个马掌的时候,他发现又有新问题出现了——这一次是钉马掌用的钉子用完了,这不能怪铁匠储备的东西不够丰富,实在是战争中需要用的铁制工具太多了。铁匠只好再请求马夫再等一会儿,等自己砸好铁钉再把马掌钉好。马夫杰克实在是等不及了,让铁匠再凑合凑合得了,铁匠告诉他恐怕不牢固,但马夫坚持不愿意再等了。这匹战马就这样带着一个缺少了钉子的马掌离开铁匠铺,载着国王冲到了战斗的最前沿。

最后国王在骑着战马冲锋的时候,没有钉牢的马掌忽然掉落,战马随即翻倒,国王滚下马鞍被伯爵的士兵活活擒住,这场战役以国王的彻底失败而告终。

问津园

案例一让我们看到细节问题容易被忽略,从而被其他的目标所迷惑,最终本末倒置,不能取得期望的成功。

许多人将自己不能成功的原因归结于自己运气不好，事实上成功多半靠平时知识及修养的积累。"自立者，天助之"，这是一句很好的格言，上天从来不会帮助懒汉，没有平时的积累和总结，当机会来临的时候，只能一次又一次的与之错过，所以，在平时我们要注重看似微不足道的小事，要注重积累。

案例二小王成功的例子说明细节是一种创造。不要以为创造就非得轰轰烈烈、惊天动地。工作中的小改小革，细节调整同样是一种创造。"细致到点"，从细节中找到创新的机会——这就是小王成功的秘密。

一个企业要创新，必须加强对细节的关注。创新存在于企业的每一个细节之中。某上市集团在细节上创新的案例数不胜数，每年仅公司内以员工命名的小发明和小创造就有几十项之多，并且这些创新已在企业中发挥着越来越明显的作用。

所以说，在激烈的市场竞争中，谁关注细节，谁就把握了创新之源，也就在竞争中抢得了先机。

案例三告诉我们千里之堤，溃于蚁穴。一个庞大的王朝，足以被一个铁钉毁掉。可见，细节决定成败，细节是成功的基石。

著名的木桶理论认为，一个木桶盛水的多少，取决于最短的那根木板。而细节从某种意义上说，就是那块最短的木板。春秋时的子罕"不贪为宝"，清朝廉卿张伯行以"取一文，我为人不值一文"为铭，林则徐因自己容易发怒，自书"制怒"条幅挂于堂上……烟瘾特大的毛泽东在重庆谈判期间坚持不抽一支烟……

一滴水可见太阳，窥一斑而知全豹。细节相当于试纸，可以测出一个人的素质和境界。你的一言一行,一举一动都可以成为命运的偏旁部首。伟人之所以成为伟人,并不是天生的,而是他们后天修炼而成。如果林则徐不注意他的弱点,他不会成为伟人,如果毛泽东不注意细小的事,一不留神就因细小的"庇"而掩了大"玉"。

智慧园

想做大事的人很多,但愿意把事做细的人很少。我们不缺少雄韬伟略的战略家,缺少的是精益求精的执行者;我们不缺少各类规章制度,缺少的是对规章制度条款不折不扣的执行者;我们必须改变心浮气躁,浅尝辄止的毛病,提倡注重细节,把小事做细。

那么,我们该如何从小培养注重细节的品质呢?

1.要有注重细节的态度。

小事成就大事,细节成就完美。我们要做重视细节特别是生活细节的人,处理好这方面问题,并注重最大限度地利用好能利用的身边资源,在细节中发现新思路,开辟新的领域,充分表现出个人的创新意识与创新能力,出色高效地完成学习、工作任务,提高绩效指数,让自己的发展更上一层楼,取得更大的成就。

2. 注重细节要有良好的生活习惯。

一个生活极其邋遢的人,即使他在某方面取得优异的成绩,也不一定受到人们喜爱与尊重。一个优秀的人一定是一个具有人格魅力的人,这种魅力并不是来自他的外表或学历,而是靠他平时涵养的积累。注重生活小节是一个素质修养的具体表现。有这样一个故事:一个年轻人去应聘,面试的时候外面等了很多人,叫到谁,谁就去经理室,其他应试者都是直接推门而入,叫到这个年轻人时,他在门口敲门问到:"我可以进来吗?"经理说可以后,年轻人才进去了。几天后,这家公司通知年轻人去上班。过了一段时间,年轻人和这位经理熟了,就问经理看中了他什么优点。经理回答说:"说老实话,你哪一点都不比别人强,我看中你的是你进我房间的时候敲了门。敲门说明你很懂礼貌,而懂礼貌说明你有修养,有修养的人不能说在公司一定有大作为至少不会给公司惹麻烦。"就这么一个对生活小节的注重,促成了一个年轻人的择业成功。也许就是这么一个机会,能让这个年轻人改变自己的命运,成就自己的事业。

一个人平时的一言一行都能折射和反映他的道德风貌,不注重生活小节的人,往往会无意之中给别人造成意想不到的伤害。有这样一个例子:一个母亲打电话给儿子。儿子接到电话就问:"有事吗?"这已经成了他的习惯。母亲有些伤感,反问道:"没事就不能打电话吗?你不打电话过来,是因为你忙;我打电话给你,还一定要因为什么事吗?"儿子张口结舌,怔怔地握着话筒,后悔自己随口说的话。儿子就这么不经意的一句回答,却伤了母亲的心。

相信我们大多数人都在县城、市里或者其他大城市里的犄角旮旯和背街小巷的墙上见到过这样一些话"请不要乱倒垃圾""不可随处小便",这虽然听起来像一句笑话,但说明有相当一部分人还是不太注重生活小节的,相信这也是对那些不注意生活小节的人提的醒。其实,也正是有了一部分人"小处过于随便",才有了"不可随处小便"这样的警示语言。所以我们要从小事情做起,从生活中的点滴做起。

3.培养自己的责任心。

成功的关键在于细节,把握细节的关键在于责任心。在经济迅速发展的今天,不进则退,慢进也是退。责任心就是竞争力,对学习、工作多一份责任心就多一份竞争力。认真对待学习、工作中每一个细节,做到人心人力到位,方能成就一番伟大的事业。

细节是上帝,它垂青注重它的人;细节也是魔鬼,会吞噬忽视它的人。1%的错误可能带来100%的失败。一个钉子毁一个王国的故事,告诉我们细节的重要性。"千里之堤,溃于蚁穴"也有它的来由。据说古代沿黄河边上一个村庄的父子二人去田地劳作,回家时发现黄河堤坝上有众多的白蚁和蚁穴,父亲提醒儿子找人将其填平夯实,儿子却认为,小小蚁穴对坚固的长堤,没什么大碍,而置之不理,结果夜晚的大雨造成黄河泛滥涨水,冲毁了大堤,淹没了村庄。

同学们,只有把握好了每个细小环节,才能将工作做到完善,也只有注重把握每个细小环节,养成科学严谨的态度,才能取得辉煌的工作成果。

学习 5. 爱拼才会赢

学会拼搏,就要求人们以进取的态度对待人生。

学会拼搏,就是人类或个人为了生存和发展所奉行的一种不避艰险、百折不挠、不达目标绝不罢休的恒心。有人曾说过:"总不会条条大路、每扇门都对我关闭吧!通往成功之路无非是布满荆棘吧,无非是要有勇气、敢闯,披荆斩棘时能够忍受痛苦,这两条,我都不怕。"这恰是鲁迅先生所说的:"上人生的旅途罢,前途很远,也很暗。然而不要怕,不怕的人前面才有路。"

百汇园

[案例一]

每当小明在回家的路上,能看到三五个乞丐结成群在庙门口讨饭,没有游客的时候,他们总是有说有笑,而有游客进庙时就假装可怜。虽然他们都是上了年纪的老人了,头上满是白发,脸上都印着岁月的伤痕,但小明对他们的行为却有些反感。现在,社会上频繁出现的"乞丐职业化"的现象,这不得不让人感到有些寒心。同时,也让人们感到怀疑,对于施舍给他们的钱到底是献了自己的一片爱心,还是助长了社会的不良风气。他们都是有手有脚的人,却要靠别人的施舍来维持生计,为什么就不能用自己的双手去创造财富来维持生计呢?

相比那些乞丐,小明更欣赏那些卖报纸或是卖生活用具的路边小贩。虽然他们的职业比较低微,处于社会的最底层,但相对那些骗取别人同情心、整天梦想着不劳动就能有饭吃的乞丐来说,他们是值得让人们尊敬的。毕竟他们是用勤劳的双手去创造财富来维持生计的。

[案例二]

有这样一位同学,无论老师还是同学,没一个说他聪明。他的成绩其实还不错,但所有的人都认为那是他过度使用自己的体力和智力的结果。他是靠勤奋,也就是笨功夫才维持着还说得过去的成绩。如果他稍一松劲,就很难考上大学。但他也许并不知道或许是不理会人们对他的这种评价,一如既往地刻苦学习,即便如此,他仍然没有达到本科分数线,上了一所大专。

在大学,身边的同学都忙着看电影,谈恋爱,忙着挣钱,忙着看各种课外书,而他还是整天哇里哇里的背单词,做数学题。

工作了,他分到一家效益还不坏的企业,每月有固定的收入,他的同学都一个个进入了自己的角色,上班,娱乐,谈婚论嫁。而他,还是只知道做题,背单词,有时下了夜班,别人会睡上一整天,他却强迫自己保持每天 8 小时的学习时间,他把上下班和吃饭睡觉的时间都压缩在另外的时间里了。

两年后,他考上了研究生。这一点,没人感到惊讶,皇天不负有心人嘛! 人们羡慕他的同时,无不钦佩他的毅力和勤奋。拿到硕士学位,他到深圳找到了一份工作。户口也迁了过去,按说,这已经是一个因为勤奋而成功的很好故事了,然而故事还没有完。

一年后,他收到了美国一所著名大学博士研究生的录取通知书,并有每年 3 万美元的奖学金,足够他的学费和生活开销。原来,他在读研究生期间,参加了留学入学考试。他对同事说,"厚厚的一本英语词典,我背了25遍。"他说这话时显得很轻松,可这里面付出的汗水却令每个在场的人惊叹不已。当他飞越半个地球,在美国进行他的研究时,他那些比他聪明的同学们已经没有一个人能理解他的工作了。

问津园

案例一中那些卖报或生活用品的老人在社会中是可敬的,他们懂得"饿死不吃嗟来之食"这个道理,他们明白什么事情是可耻的。卖这些东西虽然辛苦,但得到的钱都是自己汗水的结晶,由自己的双手去创造,因此他们会对自己的辛苦感到无悔,哪怕是赚来的钱很少很少,毕竟他们活的有尊严、有意义。

在生活中,我们都应该与那些街边摆摊的老人一样,用自己的双手去养活自己,维持生计。不应抛弃自己的人格尊严来维持生活。那样活得再轻松都没意义。

案例二中一所普通中学毕业的学生,一个大专生,单单靠着勤奋,竟能飞到一般人不能企及,甚至不敢想象的高度。

人们羡慕他的成功的同时,对于他的拼搏只能自叹不如。从这个故事中不难发现,持之以恒的拼劲并不是轻易能做得到的,而一旦有了这样的拼搏就能改变一个人的命运,没有什么能阻挡你的脚步。原来,拼搏不仅是成功的一个要素,拼搏本身是一种成功!

智慧园

当代中学生多数是独生子女,他们有着得天独厚的生活条件。一般说来,他们的家庭生活富裕,经济条件好,他们从降临人世的那一天起,就受到来自父母、长辈们的无私的关爱,父母千方百计为他们提供最佳的学习和生活环境。在这种优越环境下成长起来的孩子,往往从家门到校门,缺少必要的锻炼,经不起风吹雨打。这种单一的生活经历,使他们在泛舟人生海洋时显得格外地苍白无力。有些学生难以接受艰苦生活的挑战;有些学生很想有一番作为,却不肯付出努力;也有些学生付出一点努力便觉得应有所回报,不愿持之以恒。

那么,我们怎样才能学会用双手去创造,养成拼搏向上的良好品质呢?

1. 从日常小事做起。

有些学生感叹自己生不逢时,无大风大浪显不出真品性,忽视在平凡生活、平凡小事中的意志培养。其实,在学生生活中,学习、科研、劳动、集体活动等都需要付出意志努力,个体意志的培养就蕴含其中。例如:学习是一项长期的艰苦的脑力劳动,要完成学习任务,就必须随时同出现的困难做斗争,要排除干扰专心听讲,要反复做练习题至熟练掌握知识要点,要攻克难题不留障碍,学习的每一步成功皆与意志相伴。这些日常行为在不断磨练着意志,反复的行为就养成习惯,塑造着性格,决定了命运。

2.积极参加体育活动。

体育锻炼也是磨炼意志的有效手段。体育活动对人的身心健康有着重要影响,因为体育是"勇气",是"乐趣",它能使人内心充满欢喜,思路开阔,可使以忧伤的人散心解闷,可使快乐的人生活更加甜蜜,所以学生不应该忽视体育活动。体育锻炼能培养顽强拼搏的品质。据研究,骑自行车可锻炼顽强性,球类运动可锻炼独立性,跑步可锻炼自制力等。尤其是长跑,一个人若能风雨无阻,数年如一日地坚持长跑,就是一种对自己意志的磨炼。

3. 在某种具体活动中培养自己的能力,磨炼自己的意志。

现在学生的物质生活水平比较高,生活得幸福,可是磨练意志的机会却比以前少了,这对学生的成长很不利。因此,适当给自己一些"吃苦"的机会,让自己经受一些挫折和失败,这对培养我们坚韧不拔的意志品质很有好处。意志磨炼的过程就是吃苦耐劳、坚韧艰苦的过程。一位记者曾问美国著名作家海明威:"你认为一个作家最好的早期训练是什么?"他毫不迟疑地回答:"不愉快的童年。"作家如此,其他领域的杰出人物也是如此。困苦与挫折是养成学生百折不挠、顽强拼搏的奋斗品质的根本。因此多给自己一些锻炼的机会,多让我们自己吃一点苦绝不是什么坏事。它不仅有利于克服不良的意志品质,而且有利于使我们的意志力越来越强。

同学们,在我们的人生道路上,困难和挫折是无处不在的,面对困难和挫折,我们要勇于面对。既敢拼、爱拼,而且还要会拼,这样在人生的道路上你一定能获得成功!今天的努力,换来明天的幸福。

无论我们是愚蠢还是聪明,只要我们有一种向上的信念,学会用双手去创造,相信"爱拼才会赢"。

学习 6.保护环境,从我做起

我们感悟:人类只有一个地球。善待自然、保护生态,不仅是一种美德,同时更是一份责任! 我们承诺:积极传播环保观念,细心呵护一草一木,为子孙后代留一汪碧水、一方净土。我们坚信:哪怕是自己一个细微的环保行为,都是在为人类的未来播种绿色的希望。

百汇园

[案例一]

2003 年,威海市政府首次获得了"联合国人居奖",并且曾先后获得"第一个国家卫生模范城市""第一个环保城市模范群""第一批国家园林城市""优秀旅游城市",我们已经成功地举办了三届人居节,倡导人居和谐与可持续发展的理念,特别是新一届市委提出的"环湾保护、拥湾发展"战略,突出"山、海、城"特色,打造生态园林城市。

[案例二]

青藏铁路,在设计中针对不同的地形条件,制订了藏羚羊通道设置的不同方案。在河床、山脊等动物迁徙地带,将设置大桥涵、隧道;在平原开阔地带,将建造特大旱桥或接近原有地面线的低平路基,以便动物通行。藏羚羊是一种非常害羞的动物,对具有强烈反差的事物尤其敏感。为了不切断藏羚羊迁移的路线,青藏铁路在通过藏羚羊迁移区域大约 260 千米的线路上,预留了 15 处桥下通道,这也被称为野生动物通道。据报道,青藏铁路是中国所有的工程项目中,第一个设置野生动物通道的。整个项目的总投资中环保费用占了 7%,高达 21 个亿。这是以往的大型工程中所没有的。

[案例三]

什么是生态平衡呢？《动物世界》里面就介绍了许多生态平衡的知识，它们总是按一定的比例范围而存在的，这就叫平衡。如果我们把食肉动物都消灭掉，把老虎、豹子、狮子都消灭，那么食草动物就会无限制地繁殖，它们要吃大量的草，会把草原吃光，结果食草动物自己也就无法生存了，这就是破坏了生态平衡。当然，大自然是一个非常复杂、非常庞大的体系，因而生态平衡也是一个非常复杂的平衡。它是这样解释的："在任何一个正常的生态系统中，能量流动和物质循环总是不断地进行着，但是在一定时期内，生物与环境之间以及各种生物之间都保持着一种相对稳定状态，也就是系统的能量运动和物质循环，较长时间的保持稳定，信息的传递畅通，这种相对稳定状态就叫生态平衡。"

生态平衡受到破坏的问题很多，比如森林减少、草原退化、物种灭绝、沙漠化、水土流失、土壤退化、大气臭氧层遭到破坏（南极臭氧空洞）、温室效应、气候异常、资源短缺等等。

森林对于保护自然界生态平衡具有非常重要的作用。上个世纪世界上的森林大约减少了1/4。生物多样性受到破坏，最终受到威胁的是人类。我国近10年来发现已经灭绝的珍贵野生动物就达十余种，受到灭绝威胁的野生动物达近千种。现在全球高等植物中濒危物种达近万种，导致与之相关联的几万种生物的生存受到威胁。"生命金字塔"理论告诉我们，人类就是金字塔顶上的那块石头，千千万万的植物、动物组成了金字塔身，塔身受到破坏必将危及人类的生存。

问津园

案例一中我们从威海市的发展中得到启示：城市的发展不能以环境

的牺牲为代价。要发展城市,发展经济,但也要树立人与自然的和谐理念,提高环保意识,践行低碳生活,实现绿色和谐家园。

美化自然要做到:

1.爱护身边的一草一木,植树造林。

2.保护好自然景观。到风景区旅游,要注意环境卫生,不乱写乱画,不破坏环境。依法规范自己的行为,敢于和破坏自然景观的行为作斗争,保护好自然景观。

案例二让我们看到:

1.大自然是我们人类赖以生存和发展的物质基础,是生命的摇篮,是我们共同的家园。

2.善待自然,大自然就会善待我们。人类是自然界的一部分,善待自然就等于善待人类自己。在善待大自然的过程中,我们会感受到与大自然和谐相处,与大自然成为朋友的无限乐趣。

善待大自然应该做到:

1.保护自然,不破坏自然,做大自然的朋友。

2.采取积极措施减少对大自然的破坏。

3.合理利用自然资源,保护生态环境。

我们不仅要给人类一个更美好的家园,也要给野生动物一个美好的家园。

案例三中生态平衡的含义、面临的问题让我们看到地球的伤痛。

人类与自然的关系是共存,而不是征服。地震、泥石流、洪水频频发生,要求我们从现在做起,从身边做起,保护环境。

为了保护生态平衡,国家投入了大量的资金进行大面积植树造林,1999年国家做出决定,禁止所有天然林砍伐,从2002年开始,国家又有计划地实行了退耕还林工程措施,还进行了自然保护、风景名胜区、国家森林公园的保护和建设。目前国家又在全国开展生态省、生态市、县的创建活动。为了保护生态平衡,国家还颁布了一系列法律法规,有《森林法》《草原法》《野生动物保护法》《土地保护法》等等。

智慧园

同学们可能看到或者听到过这样的口号:"保护环境,造福人民;保护环境,造福子孙;保护环境,人人有责"。同学们也许要问:我是一个学生,我能为环境保护事业贡献自己的力量吗? 能! 完全能! 我们每个人都能够为环境保护做贡献。这就要求我们开动脑筋想问题,坚持从我做起,从现在做起,从身边的小事做起。

1. 爱护花草树木。

有关专家对植物的环境保护作用进行了专门的研究,一棵 10 米高的大树,每年创造的环境价值在 1000 元到 5000 元之间。植物对于环境的保护作用是多方面的。它进行光合作用,制造氧气;它吸收空气中的灰尘、二氧化碳等有害物质,清新空气;它还减少噪音;它为野生动物提供栖息场所、提供食物;它美化环境,具有美学价值;它还保护植物基因等等。所以我们要从保护环境的高度科学认识爱护花草树木的重要性,自觉地爱护花草树木,积极参加植树活动。

2. 爱护野生动物。

野生动物同植物一样对环境有多方面的保护作用,特别是珍稀动物,国家都把它们列为保护动物。一种物种一旦从地球上消失,就现在的科学水平技术来说,想让它再生是不可能的。物种消失最终危及的是我们人类的生存,这就是生态平衡的科学结论。同学们要爱护鸟,不吃野生动物,特别是国家规定的保护动物和有益天敌。

3. 注意废物的回收和利用。

在垃圾中,约 50% 是生物性有机物,约 30%～40% 具有可回收再利用价值。我国仅每年扔掉的 60 多亿只废干电池就含 7 万多吨锌、10 万吨二氧化锰……而这么巨大的浪费却是由于个人的随意心理造成的,只是在不经意间,或许你就丢了几十斤的钢板,几吨的煤,几平方米的木材……

现在就来看从我们手指缝里轻易溜走的资源:

(1)纸篓里的新生命——随手丢弃报纸、本子、包装纸。

回收利用 1 吨废纸可再造出 800 千克好纸,可以挽救 17 棵大树,节省 3 立方米的垃圾填埋厂空间,少用纯碱 240 千克,降低造纸的污染排放 75%,节约造纸能源消耗 40%～50%,而每张纸至少可以回收两次。另外,我们日常丢弃的废织物也可用于回收造纸等。

我国目前的废纸回收率仅为 20%～30%,每年流失废纸 600 万吨,相当于浪费森林资源近千余平方千米。

(2)环保的心病——塑料袋、塑料瓶、一次性塑料餐盒餐具。

所有的废塑料、废餐盒、食品袋、编织袋、软包装盒等,利用将废塑料还原成汽油、柴油的技术都可以回炼为燃油;从 1 吨废塑料中能够生产出 700～750 公升无铅汽油或柴油。许多废塑料还可以还原为再生塑料,循环再生的次数可达 10 次。以废餐盒为例,回收后可制成建筑装修用优质强力胶;3 只废餐盒就可以做一把学生用的尺子,20 个废餐盒可以造出一个漂亮的文具笔筒。从塑料花盆到公园里的长凳,都可以用废餐盒作为原料来生产。

目前我国对塑料袋的回收率不到 10%,大多数塑料由于和其他生活垃圾混在一起而无法分离,以至于将可回收的资源和不可回收的资源一起填埋,造成了巨大的浪费。

(3)破碎的依然可以还原——玻璃瓶和碎玻璃片。

废玻璃回收再造,不仅可节约自然资源,还可减少大约32％的能量消耗,减少了20％的空气污染和50％的水污染。1吨废玻璃回炉再制比利用新原料生产节约成本的20％。回收1吨废玻璃对环境和资源的好处是:可以节约石英砂720千克、纯碱250千克、长石粉60千克、煤炭10吨、电400度。

回收一个玻璃瓶节省的能量,可使灯泡亮4小时。令人遗憾的是,我国目前的废玻璃回收再造还未能超过10％,其原因依然是玻璃和其他垃圾混合在一起,分离的费用远超过回收的经济价值。

(4)人们手中所谓的破铜烂铁——易拉罐、铁皮罐头盒、废电池。

废罐溶解后可100％地无数次循环再造成新罐,而且,还可制成汽车和飞机等的零件,甚至家具。循环再造铝罐可节省95％新造铝罐所需的能源,减少95％的空气污染。丢弃一个铝罐就等于浪费半个铝罐的石油。废电池中所含的汞、镉是污染性极强的有毒重金属,但回收电池可提取稀有金属锌、铜和二氧化锰。

目前中国的铁制品回收业相当发达,在专业人员的配合下,铁制品的回收率超过60％,但废旧电池的回收则不容乐观,由于电池中含有有毒金属,所以它的回收保管需要一定的条件,这就使得一些经济不发达地区出现了"集了电池无处送"的情况。

(5)古老也是一种光荣——落叶杂草、菜根果皮、鸡肠鱼肚、蛋壳鳞毛用于生产。

我们每天从家里扔出来的垃圾中有40％以上是果皮、蛋壳、菜叶、剩饭等厨房垃圾,这些垃圾是可以用堆肥、发酵的方法处理为有机肥料或饲料等。而这在中国广大的农村就成了一笔不小的财富,这些"垃圾"所发酵产生的沼气可以节约大量的能源,这些节约下来的购买能源的金钱投入生产便又产生了新的收益。

4. 不用或少用一次性用品。

现在随着生活水平的提高,人们为了方便,使用许多一次性用品,比如一次性饭盒、筷子、方便袋、纸巾。一次性用品是一种对资源的很大浪费,也是对环境很严重的污染。特别是塑料制品,它们进入环境以后很难降解,在很长的时间内对环境都有危害,据有关科学家测算,有些塑料制品埋在地下100年仍然具有危害。其实,使用一次性用品也不卫生,有些一次性用品含有对人体有害的成分,当遇到高温的时候它们更容易分解,进入我们人体。所以我们要尽量地不用或者少用一次性用品。

5. 厉行节约。

资源紧缺是全球最严重的环境问题之一,节约实际上就是节省资源。例如,纸是用木料制成纸浆做成的,我们节约用纸就可以保护森林。要节约用水、节约用电、节约衣物、节约饮食。一句话,节约一切物品,建设一个节约型社会。

6. 向家长宣传环保知识。

7. 向有关部门检举破坏环境的行为(不提倡当面指责)。

8. 刻苦学习知识,增强环保意识,准备将来把祖国建设得更加富强美丽。

同学们,如果我们能珍惜地球上的每一份资源,并且尽量回收利用,那么地球的宝藏就不会被掏空,我们也就能够拥有一个美丽、干净的地球了! 我们期待! 我们努力!

学习 7. 知识只有在用时才有力量

英国作家培根说:"知识本身并没有告诉人怎样运用它,运用的方法乃在书本之外,这是一门技艺,不经实践就不能学到。"

学习知识是不能光啃书本的,一味地按照书本上面的理论做事情而不结合实际情况,结果只能是一无所获,甚至起到相反的作用。

所以,我们在对待学习和兴趣爱好上,不能只停留在书本上、口头上,而要深入实际亲自动手,通过自己的实践从中找窍门,摸规律,将一切疑难问题,搞懂搞明白为止,要有追根究底的恒心,通过书本知识、理论与实践有机结合,这样学以致用,一定会起到事半功倍的效果。

百汇园

[案例一]

在我国古代的战国时期,赵国有一位有名的大将叫赵奢。他有一个儿子叫赵括,从小熟读兵书,张口谈军事,别人往往说不过他。因此,他很骄傲,自以为天下无敌。然而赵奢却很替他担忧,认为他不过是纸上谈兵,并且说:"将来赵国不用他为将还好,如果用他为将,他一定会使赵军遭受失败。"后来,秦军来犯,赵王派赵括指挥全军。赵括自认为很会打仗,死搬兵书上的条文,结果 40 多万赵军全军覆没,他自己也被箭射中而身亡。

[案例二]

多年来,美国加州理工学院的科学家们一直致力于 DNA 结构的研究,并发明一种所谓的"DNA 折纸术"。"DNA 折纸术"就是将天然 DNA 单链中的长链进行反复折叠,并用短链加以固定,由此就能绘出方形、星形等一系列对称的 DNA 图形。半导体行业恰好可以利用这一点。据了解,在 IBM 的构想中,利用 DNA 分子结构研制的芯片上,其电子线路间的距离将仅为 6 纳米左右,比起目前 45 纳米的标准,这将是一个大幅改进。利用这种技术,IBM 公司将研制出更小、更便宜的微处理器芯片。

[案例三]

中国大学生发明

当水从水龙头里流出来的时候,会携带一定能量,如果能够把这些能量积少成多收集起来,就可以节省大量的电能。

Bathman(水之声)是一个可以收集水能的莲蓬头,它能够在人们冲洗淋浴的时候把这些水能转化成电能并利用它来播放音乐,这个浴室的音乐播放器可以把音乐的节奏与水流结合起来。

在默认情况下,当播放金属摇滚音乐时,水流会更加激烈,播放柔和的女声时水流会变得柔缓舒适,同时也能通过手动选择水流的强度来强化或减弱音乐中的低音使音频变得更加激烈或柔和。

GreenWalk 通过收集行走所产生的动能,将之转化为电能,从而更好地服务于旅行者。也可以通过蓝牙完成与电脑间的数据交换,下载个人既定的行程或是朋友曾经的旅行足迹。在旅行过程中,使用者可以完全根据它的指示(振动提示)辨别旅行的方向。

Conductor 是一款通过动力学发电的电视遥控器。它的概念来源于指挥家指挥时丰富的肢体语言和沉浸其中的高度享受,通过晃动产品来实现遥控器充电,对电视机进行基本操作,同时这样的动作也为产品的使用进行了持续供电。利用这种方式上的转变,避免了电池的使用污染,也能为电视操作带来更多乐趣。

Bambooframe 使用竹子这种再生的绿色材料作为产品的框架,竹子的独特质感结合现代的金属质感产生了这套独特的家电,让人们既有回归自然的惬意,又能感受到扑面而来的中国传统文化气息。同时,它的竹子部分还是一个可循环的部件。

问津园

案例一的这个故事深刻地揭示了赵括理论脱离实际的错误。学以致用,就是要着眼于解决生活中的实际问题。再好的理论如果不和实践相结合,也是毫无意义的。赵括虽然熟读兵书,但只知道生搬硬套兵书上的条文,不从敌我双方的实际情况出发,理论脱离实际,所以导致全军被歼、身死沙场的败局。这就告诉我们,在学习、工作和实际生活中,一定要坚持学以致用的重要原则。

案例二让我们看到美国生产技术的进步依赖的就是学以致用的创新。创新能力是运用知识和理论,在科学、艺术、技术和各种实践活动领域中不断提供经济价值、社会价值、生态价值的新思想、新理论、新方法和新发明的能力,是民族进步的灵魂,更是经济竞争的核心。当今社会的竞争,与其说是人才的竞争,不如说是创造力的竞争。

随着现代化科学技术的发展,现在和未来文明的真正财富,将越来越表现为人的创造。而人类创造力的培养就是要求把学习到的知识和经验运用到现实生活中,用知识的力量促进生产力的发展。

案例三中大学生的发明让我们看到:学以致用的体现就是创造力,而创造实质上是一种冒险。因为否定人们习惯了的旧思想可能会遭到公众的反对。这种冒险不是那些危及生命和肢体安全的冒险,而是一种合理性的冒险。我们要敢于突破旧的思维定式,敢于向权威挑战,敢于创新,敢于冒这个险。大多数人都不会成为伟人,但我们至少要最大程度地挖掘自己的创造力。这就要求我们对自己所学习或研究的事物永不自满。

学生自身创新能力的提高是一项任重而道远的任务。同学们,振兴民族科技和发展民族经济需要我们,所以我们要提高自身综合素质,担负起富国强民的社会重任。作为学生,更应该刻苦学习深入钻研,积极主动地成为新活动的重要角色,学会把学到的知识应用于实践,为成功推进自主创新战略的实施做出自己应有的贡献。

智慧园

古人有语："读书不见圣贤,如铅椠庸;讲学不尚躬行,如口头禅。"意思是说,研读诗书却不洞察古代圣贤的思想精髓,只会成为一个写字匠;讲习学问却不能身体力行,就像一个只会口头念经却不通佛理的和尚。因此,大学生出现的这种大学所学知识"很少部分有用"或"基本无用"的现象,值得我们深思。知识学以致用才可称为知识,我们应该积极使用所学到的知识,为科技兴国奋斗,争做创新型人才。

同学们,那么,我们怎样才能学会把学到的知识运用到实践中呢?

1. 培养自己的主体独立意识。

我们在面对专业知识和理论时,不仅要知道是什么原理,而且要弄懂为什么是这样的原理,能应用在什么场合,要注意如何调节运用,更应学会使相关的理论知识有机结合,学会触类旁通。

2. 培养积极主动的参与意识。

让自己主动到实践生活中收集问题,通过自己的努力发现问题,思考分析问题,从而理解理论知识进而应用于实践当中。在家中,我们可以对生活器具注意观察,如果发现器具坏了,在保证安全的前提下,可以尝试用学到的理论知识去修复,从而积累实践能力。

3. 培养收集及获取信息的能力。

要培养自己学会检索、查阅书刊杂志、上网等获取专业信息的能力,学会判断信息资料的真优伪劣,识别对研究有关的资料,学会有条理、有逻辑地整理与归纳资料,发现资料间的关联,学会资源共享,运用各种通信手段——如通信、电话、网络、邮件等。

4. 培养自己的动手能力。

陶行知曾指出:中国对孩子的教育一直是不许动手,动手要打手心,因此往往摧残了孩子的创造力。这说明,手脑并用,才能更有效地培养孩子的思维能力。脑指挥着手使用一种物质的手段去作用另一种物质，从而引起事物的变化，而手在执行过程中会遇到新问题、新情况，于是将其反馈于脑从而提出新思路、新方案，最后又为手的支配作导航。

5.书里书外结合起来。

书本上的知识不是凭空而来的，它是对生活的记叙和总结，如果在学习书本知识的同时能够联系、联想到生活中的事物，我们就会加深理解，增强学习和记忆的效果；另一方面，拿书本上学习到的知识去对照生活，也会加深对生活的理解，从而更加地热爱生活。

6.课堂课外结合起来。

课堂上我们学了不少动手方面的知识，都可以在课外进行检验和证实。比如，在课外观察昆虫，做社会调查等。这些我们一定要自己亲自动手，培养自己的动手能力，而不能让别人代劳。因为那种收获和乐趣不是别人可以代劳的。

7.想和做结合起来。

你是不是一个喜欢天南地北胡思乱想的人呢？如果只是爱想象，却懒得动手的话，我们的所有想法是实现不了的。只有做一做，才能知道自己的想法对不对。别去做空想家，还是动手做一做吧！

同学们，社会是一所大学校，学校主要是以学习为主，但社会这所大学校的课程也不要偏废，我们要在生活中检验课堂中所学到的知识，加强社会实践，在做中学，在学中做，不断地提高本领，锻炼能力。

学习 8.接触社会，学会融入社会

我们每个人从出生之日开始，就是社会的成员，就在社会中成长。

人具有不同于其他动物的特质，一个重要的原因是：人在社会中成长。健康的自我是在社会中塑造的。中学阶段，是形成健康的自我意识的关键时期。

青春期的一个特点是开始具有健康的自我意识。健康的自我意识的特征是自尊、自强、自立、自律，能够明辨是非，准备担负社会责任。"一切以我为中心"的意识，不是健康的自我，不是我们学生所需要的。

百汇园

［案例一］

1920 年，印度的一位牧师发现了两个由狼哺育的女孩，分别取名为卡玛拉与阿玛拉，并把她们带回人类社会，她们不会说话，发音独特，但却不是人的声音；不会用手，也不会直立行走，只能依靠两手、两脚或两手、两膝爬行；她们惧怕人，对于狗、猫似乎特别有亲近感；白天她们一动也不动，一到夜间，到处乱窜，像狼那样嗥叫，人的行为和习惯几乎没有，而具有不完全的狼的习性。遗憾的是，回人间的第 11 个月，阿玛拉就死去了。大女孩卡玛拉一直活到 16 岁左右。但她直到死时还没真正学会说话，智力只相当于 4 岁左右的孩子。在大脑结构上，这个狼孩和同龄人没多大差别，只是因为狼孩长期脱离人类社会，大脑的功能得不到开发，智力也就低下，而且她不具有人区别于动物的根本特征——劳动能力。

［案例二］

《鲁滨孙漂流记》于 1719 年 4 月 25 日出版，是英国作家丹尼尔·笛福的代表作。这部小说一问世既风靡全球又历久不衰,在世界各地拥有一代又一代的读者。小说从初版至今,已出了几百版,几乎译成了世界上的各种文字。据说,除了《圣经》之外,《鲁滨孙漂流记》是出版最多的一本书。该书被誉为英国文学史上的第一部长篇小说,成了世界文学宝库中一部不朽的名著。

这部小说是笛福受当时一个真实故事的启发而创作的。

1704年苏格兰水手赛尔科克在海上与船长发生争吵,被船长遗弃在荒岛上,四年后被救回英国。

赛尔科克在荒岛上并没有做出什么值得颂扬的英雄事迹,但笛福塑造的鲁滨孙成了当时中小资产阶级心目中的英雄人物。

鲁滨孙出生于一个体面的商人家庭,渴望航海,一心想去海外见识一番。

在一次出海途中,船只遇到风暴触礁,船上水手、乘客全部遇难,唯有鲁滨孙一个人幸存下来,只身漂流到一个荒无人烟的孤岛上。他用沉船的桅杆做了木筏,一次又一次地把船上的食物、衣服、枪支弹药、工具等运到岸上,并在小山边搭起帐篷定居下来。接着他用削尖的木桩在帐篷周围围上栅栏,在帐篷后挖洞居住。他用简单的工具制作桌、椅等家具,猎野味为食,饮溪里的水,渡过了最初遇到的困难。

他开始在岛上种植大麦和稻子,自制木臼、木杵、筛子,加工面粉,烘出了粗糙的面包。他捕捉并驯养野山羊,让其繁殖。他还制作陶器等等,保证了自己的生活需要。

[案例三]

2010年8月10日、11日电视新闻连续两天播放了一位叫王某的小青年,21岁,此前8年被自己的父亲关在家中,8年不出家门,与社会完全断绝联系。

　　王某的父亲8年来第一次将房间的窗帘拉开,但已患严重抑郁症的儿子对外界已没有丝毫反应。因为怕同学欺负,王某8年没出家门。如今,21岁的他每天躺在床上喃喃自语,却没人能听懂。上个月,母亲去世好几天,他睡在身边也不知道。

　　8年间,除了他父亲和母亲,周围的邻居说没人接触过王某。

问津园

　　案例一中狼孩的故事告诉我们:人离不开社会;人只有在社会中才能真正成长;如果人离开了社会,就是长大了,也无法成为真正的人。

　　案例二中鲁滨孙一个人在孤岛上生活了这么多年,是否说明人是可以离开社会而生活的?

　　《鲁滨孙漂流记》不能说明人可以离开社会而生活,相反更证明了人是不可能离开社会的,人是社会的人。因为鲁滨孙在孤岛上生存所需要的工具、农具、种植的技术、捕猎的经验等都是从社会上"带"去的。

　　鲁滨孙的故事告诉我们:人,从根本上说是离不开社会的,当然也离不开健康的自我。

　　案例三中的王某让我们看到13岁至21岁,不仅是一个人身体成长的重要阶段,更是心理、性格形成的重要阶段。王某在这个阶段,被剥夺了社会环境,智力和情感都停滞不前,智力水平仍停留在13岁,语言能力当然也退化了,自然无法和人交流。

　　社会学教授说:"13岁到21岁是一个人社会化的黄金时期,在这个阶段,人已经完成由自然人到社会人的过渡,各方面都已经成熟,社会角色已经定型。王某这一时期成长中缺失了社会环境的影响,使他已无法完成社会合作,无社会立足点,无法承担社会责任。"

社会进步的车轮从来没有停止过,以后也永远不会停下来。我们绝对不能"固步自封",不能做"井底之蛙",而是要跟上时代的步伐,要放眼世界;我们学习、了解社会的目的就是为今天、为明天服务的。

智慧园

社会是一所更能锻炼人的综合性大学,只有正确地引导我们深入社会,了解社会,服务于社会,投身到社会实践中去,才能使我们发现自身的不足,为今后走出校园,踏入社会创造良好的条件;才能使我们学有所用,在实践中成才,在服务中成长,并有效地为社会服务,体现学生的自身价值。

"艰辛知人生,实践长才干",通过开展丰富多彩的社会实践活动,使自己逐步了解社会,开阔了视野,增长了才干,并在社会实践活动中认清了自己的位置,发现了自己的不足并能够对自身价值进行客观评价。这在无形中使我们对自己有一个正确的定位,增强了自我努力学习的信心和毅力。"纸上得来终觉浅,绝知此事要躬行",社会实践使我们找到了理论与实践的最佳结合点。

那么,我们怎样做才能融入社会、接触社会呢?

1. 要善于与别人沟通。

与人沟通要把握如下技巧:

(1)"闲扯"是与人类交谈的重要组成部分,应学会闲扯。

不善交谈,大多是不知道怎样抓住谈话时机。心理学家詹姆士说过:"与人交谈时,若能做到思想放松、随随便便、没有顾虑、想到什么就说什么,那么谈话就能进行得相当热烈,气氛就会显得相当活跃。"抱着"说得不好也不要紧"的态度,按自己的实际水平去说,则才有可能说出有趣、机智的话语来。所以,闲扯并不需要才智,只要扯得愉快就行了。

（2）适当地暴露自己，以自己为话题开始谈话，增加对方对自己的信任。

每个人最熟悉的莫过于自己的事情，所以与人交谈的关键是要使对方自然而然地谈论自己。谁都不必煞费苦心地去寻找特殊的话题，而只需以自身为话题就可以，这样也会很容易开口，人们往往会向对方敞开自己的心扉。

（3）掌握批评的艺术。

在交谈过程中，如果不得不对对方提出批评，一定要委婉地提出来。合理的批评有以下几个特点：①不要当着别人的面批评。②在进行批评之前应说一些亲切和赞赏的话，然后再以"不过"等转折词引出批评的方面，即用委婉的方式。③批评对方的行为而不是对方的人格。用协商式的口吻而不是命令的语气批评别人。④就事论事。

（4）附和对方的谈话，使谈话气氛轻松愉快。

谈话时若能谈谈与对方相同的意见，对方自然会对你感兴趣，而且产生好感。谁都会把赞同自己意见的人看作是一个提高自身价值和增强自尊心的人，进而表示接纳和亲近。假如我们非得反对某人的观点，也一定要找出某些可以赞同的部分，为继续对话创造条件。此外，还应该开动脑筋进行愉快的谈话。除非是知心朋友，否则不要谈论那些不愉快的伤心事。

（5）学会倾听，不要随意打断别人的讲话。

理想的人际关系是建立在相互交流思想的基础之上的。在直抒胸臆之前，先听听对方的话是很重要的。一个人越是有水平，他在听别人讲话时就越是认真。倾听对方讲话的方式有：①眼睛要注视对方（鼻尖或额头，不要一直盯住对方的眼睛，那样会使人不舒服）。②从态度上显示出很感兴趣,不时地点头表示赞成对方。③身体前倾。④为了表示确实在听而不时发问,如"后来呢"。⑤不中途打断别人的讲话。⑥不随便改变对方的话题。

(6)不失时机地赞美对方。

列夫·托尔斯泰说得好:"就是在最好的、最善的、最单纯的人际关系中,称赞和赞许也是必要的,正如油滑对轮子是必要的,可以使轮子转得快。"利用心理上的相悦性,要想获得良好的人际关系,就要学会不失时机地赞美别人。当然,赞美必须发自内心。同时应注意赞美他的具体的行为和变化,而不要笼统地夸这个人好。

(7)学会表达感谢。

在人际交往中,免不了互助,所以哪怕是一件微不足道的小事,也不要忘记说"谢谢"。另外,不断去发现值得感谢的东西。感谢必须使用亲切的字眼。仅仅在心里感谢是不够的,还需要表达出来,这一点非常重要。感谢时应注意以下几个方面:①真心诚意、充满感情、郑重其事而不是随随便便地表示感谢。②不扭扭捏捏,而是大大方方、口齿清楚地表示感谢。③不笼统地向大家一并表示感谢,而是指名道姓地向每个人表示感谢。④感谢时眼睛应看着对方。⑤细心地、有意识地寻找值得感谢之事进行感谢。⑥在对方并不期待感谢或认为根本不可能受到感谢时表示感谢,效果更好。

2. 要有自信,克服胆怯的心理。

自信不是盲目地自夸而是对自己的能力做出肯定。参与社会实践就是一个很好的锻炼自己提升自信的途径,它使我们在实践中了解社会,让我们学到了很多在课堂上学不到的知识,也让我们开了视野,增长了见识,为我们以后进一步走向社会打下了坚实的基础。

没有社会工作经验没有关系,重要的是我们的能力不比别人差。社会工作经验也是积累出来的,没有第一次又何来第二次、第三次呢?有自信能够使我们更有活力,更有精神。每天有一个好的心态、好的心情面对自己的工作,会让工作更加顺畅,也会让一天的工作时间在愉快中度过。

3. 不断丰富自己的知识。

知识犹如人体血液,人缺少了血液,身体就会衰弱;少了知识,头脑就要枯竭。学校是一个教育我们、培养我们、磨炼我们的圣地,我们应为自己能在此学习而倍感荣幸。社会是一个很好的锻炼基地,能将在学校学的知识联系于社会。实践是学习社会,了解社会,服务社会,运用所学知识实践自我的最好途径。在社会工作中,我们还会学到很多为人处世的道理、与人交往的艺术等。我们在任何时候都不能停止对知识的追求,正所谓"书山有路勤为径,学海无涯苦作舟"。